Gott ist immer
für Überraschungen gut

Die Neuheit, die Gott in unser Leben bringt, ist das, was uns tatsächlich verwirklicht, das, was uns die wahre Freude schenkt, die wahre Gelassenheit, denn Gott liebt uns und will nur unser Bestes. Fragen wir uns heute: Sind wir offen für die „Überraschungen Gottes"? Oder verschließen wir uns ängstlich vor der Neuheit des Heiligen Geistes? Sind wir mutig, die neuen Wege zu beschreiten, die die Neuheit Gottes uns anbietet, oder verteidigen wir uns, eingeschlossen in vergängliche Strukturen, die ihre Aufnahmefähigkeit verloren haben? Es wird uns gut tun, diese Fragen im Tagesverlauf immer vor Augen zu haben.

Predigt am 19. Mai 2013

Gott ist immer für Überraschungen gut

Papst Franziskus

Gebete und Impulse für eine authentische Kirche

benno

Bibliografische Information der Deutschen Nationalbibliothek
Die Deutsche Nationalbibliothek verzeichnet diese Publikation
in der Deutschen Nationalbibliografie;
detaillierte bibliografische Informationen sind im Internet über
http://dnb.d-nb.de abrufbar.

Alle Papsttexte:
© Libreria Editrice Vaticano, Città del Vaticano

Besuchen Sie uns im Internet:
www.st-benno.de

Gern informieren wir Sie unverbindlich und aktuell auch in
unserem Newsletter zum Verlagsprogramm, zu Neuerscheinungen
und Aktionen. Einfach anmelden unter www.st-benno.de.

ISBN 978-3-7462-4192-0

© St. Benno Verlag GmbH, Leipzig
Umschlaggestaltung: birq design, Leipzig
Umschlagfoto: © picture alliance/dpa
Gesamtherstellung: Kontext, Lemsel (A)

INHALT

Glaube und Hoffnung 7

Liebe und Barmherzigkeit 37

Mut und Zuversicht 87

GLAUBE UND HOFFNUNG

Die Wahrheit kann das Herz, die persönliche Mitte jedes Menschen erreichen. So wird deutlich, dass der Glaube nicht unnachgiebig ist, sondern im Miteinander wächst, das den anderen respektiert. Der Gläubige ist nicht arrogant; im Gegenteil, die Wahrheit lässt ihn demütig werden, da er weiß, dass nicht wir sie besitzen, sondern vielmehr sie es ist, die uns umfängt und uns besitzt. Weit davon entfernt, uns zu verhärten, bringt uns die Glaubensgewissheit in Bewegung und ermöglicht das Zeugnis und den Dialog mit allen.

Evangelii Gaudium, Nr. 34

Hilf, o Mutter, unserem Glauben!

Öffne unser Hören dem Wort,
damit wir die Stimme Gottes
und seinen Anruf erkennen.
Erwecke in uns den Wunsch,
seinen Schritten zu folgen,
indem wir aus unserem Land wegziehen
und seine Verheißung annehmen.
Hilf uns,
dass wir uns von seiner Liebe anrühren lassen,
damit wir ihn im Glauben berühren können.
Hilf uns,
dass wir uns ihm ganz anvertrauen,
an seine Liebe glauben,
vor allem in den Augenblicken
der Bedrängnis und des Kreuzes,
wenn unser Glaube gerufen ist zu reifen.
Säe in unseren Glauben
die Freude des Auferstandenen.
Erinnere uns daran:
Wer glaubt, ist nie allein.

Lehre uns, mit den Augen Jesu zu sehen,
dass er Licht sei auf unserem Weg;
und dass dieses Licht des Glaubens
in uns immerfort wachse,
bis jener Tag ohne Untergang kommt,
Jesus Christus selbst, dein Sohn, unser Herr!

Lumen Fidei, Nr. 60

Sich von ihm finden lassen

Ich lade jeden Christen ein, gleich an welchem Ort und in welcher Lage er sich befindet, noch heute seine persönliche Begegnung mit Jesus Christus zu erneuern oder zumindest den Entschluss zu fassen, sich von ihm finden zu lassen, ihn jeden Tag ohne Unterlass zu suchen. Es gibt keinen Grund, weshalb jemand meinen könnte, diese Einladung gelte nicht ihm, denn „niemand ist von der Freude ausgeschlossen, die der Herr uns bringt". (Paul VI., Apostolisches Schreiben Gaudete in Domino (9. Mai 1975), 22: AAS 67 (1975), 297.)
Wer etwas wagt, den enttäuscht der Herr nicht, und wenn jemand einen kleinen Schritt auf Jesus zu macht, entdeckt er, dass dieser bereits mit offenen Armen auf sein Kommen wartete. Das ist der Augenblick, um zu Jesus Christus zu sagen: „Herr, ich habe mich täuschen lassen, auf tausenderlei Weise bin ich vor deiner Liebe geflohen, doch hier bin ich wieder, um meinen Bund mit dir zu erneuern. Ich brauche dich. Kaufe mich wieder frei, nimm mich noch einmal auf in deine erlösenden Arme." Es tut uns so gut, zu ihm zurückzukehren, wenn wir uns verloren haben! Ich beharre noch einmal darauf: Gott wird niemals müde zu verzeihen; wir sind es,

die müde werden, um sein Erbarmen zu bitten. Der uns aufgefordert hat, „siebenundsiebzigmal" zu vergeben (Mt 18,22), ist uns ein Vorbild: Er vergibt siebenundsiebzigmal. Ein ums andere Mal lädt er uns wieder auf seine Schultern. Niemand kann uns die Würde nehmen, die diese unendliche und unerschütterliche Liebe uns verleiht. Mit einem Feingefühl, das uns niemals enttäuscht und uns immer die Freude zurückgeben kann, erlaubt er uns, das Haupt zu erheben und neu zu beginnen. Fliehen wir nicht vor der Auferstehung Jesu, geben wir uns niemals geschlagen, was auch immer geschehen mag. Nichts soll stärker sein als sein Leben, das uns vorantreibt.

> Es tut uns so gut, zu ihm zurückzukehren, wenn wir uns verloren haben!

Evangelii Gaudium, Nr. 3

Den Ruf hören

Ich hatte die Gnade, in einer Familie aufzuwachsen, in der der Glaube auf einfache, konkrete Weise gelebt wurde; aber es war vor allem meine Großmutter, die Mutter meines Vaters, die meinen Glaubensweg geprägt hat. Sie war eine Frau, die uns Jesus erklärte, uns von ihm erzählte, uns den Katechismus beibrachte. Ich erinnere mich immer noch, dass sie uns am Karfreitag abends zur Kerzenprozession mitnahm, und am Ende dieser Prozession kam der „liegende Christus", und die Großmutter ließ uns – uns Kinder – niederknien und sagte zu uns: „Seht, er ist tot, aber morgen wird er auferstehen." Ich habe die erste christliche Verkündigung ausgerechnet von dieser Frau empfangen, von meiner Großmutter! Das ist so schön! Die erste Verkündigung zu Hause, mit der Familie! Und das lässt mich an die Liebe so vieler Mütter und so vieler Großmütter in der Weitergabe des Glaubens denken. Sie sind es, die den Glauben weitergeben. Das geschah auch in den ersten Zeiten, denn der heilige Paulus sagte zu Timotheus: „Ich erinnere mich an den Glauben deiner Mutter und deiner Großmutter" (vgl. 2 Tim 1,5). Alle Frauen, die hier sind, alle Großmütter, denkt daran: den

Glauben weitergeben! Denn Gott stellt uns Menschen an die Seite, die unseren Glaubensweg fördern. Wir finden den Glauben nicht im Abstrakten, nein! Da ist immer ein Mensch, der predigt, der uns sagt, wer Jesus ist; der den Glauben an uns weitergibt, uns die erste Verkündigung bringt. Und so war die erste Glaubenserfahrung, die ich hatte. Aber da gibt es einen für mich ganz bedeutenden Tag: den 21. September 1953. Ich war beinahe 17 Jahre alt. Es war der „Tag des Schülers", für uns der Frühlingsanfang – bei euch ist es Herbstanfang. Vor dem Fest bin ich noch in die Pfarrei gegangen,

> Ich habe entdeckt, dass jemand mich erwartete.

die ich frequentierte, habe einen Priester gefunden, den ich nicht kannte, und das Bedürfnis gespürt, zu beichten. Das war für mich die Erfahrung einer Begegnung: Ich habe entdeckt, dass jemand mich erwartete. Aber ich weiß nicht, was da geschehen ist, ich erinnere mich nicht; ich weiß wirklich nicht, warum jener Priester da war, den ich nicht kannte, warum ich jenen Wunsch zu beichten verspürte, aber die Wahrheit ist, dass jemand auf mich wartete. Seit langem auf mich wartete. Nach der Beichte habe ich gespürt, dass etwas sich geändert hatte. Ich war nicht mehr derselbe. Ich hatte etwas vernommen – wirklich wie eine Stimme, einen Ruf: Ich war überzeugt, dass ich Priester werden sollte. Diese Erfahrung im Glauben ist wichtig. Wir sagen, dass wir Gott suchen müssen, zu ihm gehen und um

Verzeihung bitten, aber wenn wir hingehen, wartet er schon auf uns, er ist vorher da! Im Spanischen haben wir ein Wort, das dies gut erklärt: „El Señor siempre nos primerea" – der Herr kommt uns immer zuvor, ist zuerst, erwartet uns! Und das ist wirklich eine große Gnade: einen zu finden, der dich erwartet. Du gehst hin als Sünder, er aber wartet, um dir zu vergeben. Das ist die Erfahrung, die die Propheten Israels beschrieben, wenn sie sagten, der Herr sei wie die Mandelblüte, die erste Blüte des Frühlings (vgl. Jer 1,11–12). Bevor die anderen Blüten kommen, ist sie da – wartet auf uns. Der Herr erwartet uns. Und wenn wir ihn suchen, entdecken wir diese Wirklichkeit: dass er da ist und uns erwartet, um uns aufzunehmen, um uns seine Liebe zu schenken. Und das erfüllt dein Herz mit einem solchen Staunen, dass du es nicht für möglich hältst – und so wächst der Glaube! Durch die Begegnung mit einer Person, durch die Begegnung mit dem Herrn. Da wird jemand einwenden: „Nein, ich ziehe es vor, den Glauben in den Büchern zu studieren!" Es ist wichtig, ihn zu studieren, aber siehst du, das allein genügt nicht! Das Wichtige ist die Begegnung mit Christus, die Begegnung mit ihm, und diese verhilft dir zum Glauben, denn es ist ja gerade Christus, der ihn dir schenkt! Auch ihr habt von der Glaubensschwäche gesprochen und was man tun kann, um sie zu überwinden. Der größte Feind, dem die Schwäche ausgesetzt ist – das ist ko-

Mit dem Herrn sind wir sicher.

misch, nicht? –, ist die Angst. Doch habt keine Angst! Wir sind schwach, das wissen wir. Aber er ist stärker! Wenn du mit ihm gehst, gibt es kein Problem! Ein Kind ist sehr schwach – viele von ihnen habe ich heute gesehen –, aber es war beim Papa, bei der Mama: Es ist in Sicherheit!

Mit dem Herrn sind wir sicher. Der Glaube wächst im Mitsein mit dem Herrn, gerade von der Hand des Herrn her; das lässt uns wachsen und macht uns stark. Wenn wir aber meinen, uns alleine arrangieren zu können... Denken wir daran, was Petrus passiert ist: „Herr, niemals werde ich dich verleugnen!" (vgl. Mt 26,33–35); und dann, als der Hahn krähte, hatte er es dreimal getan! (vgl. V. 69–75). Denken wir daran: Wenn wir zu viel Vertrauen in uns selber haben, sind wir schwächer... schwächer. Immer mit dem Herrn! Und „mit dem Herrn" bedeutet: mit der Eucharistie, mit der Bibel, mit dem Gebet ..., aber auch in der Familie, auch mit der Mutter, auch mit ihr, denn sie ist es, die uns zum Herrn bringt; sie ist die Mutter, diejenige, die alles weiß. Also auch zur Muttergottes beten und sie bitten, dass sie, als Mutter, mich stark macht. Das ist es, was ich in Bezug auf die Schwäche denke, es ist zumindest meine Erfahrung. Etwas, das mich alle Tage stärkt, ist, den Rosenkranz zu beten, zur Muttergottes. Ich empfinde eine so große Stärke, weil ich zu ihr gehe – und ich fühle mich stark.

Ansprache bei der Pfingstvigil
mit den kirchlichen Bewegungen, 18. Mai 2013

Das Wort Gottes hören

Die Kirche ist Gemeinschaft – , die Gemeinschaft, die voller Glauben und Liebe auf den Herrn hört, der spricht. Der Pastoralplan, den ihr gemeinsam umsetzt, betont diese grundlegende Dimension. Das Wort Gottes ist es, das den Glauben weckt, ihn nährt und wiederaufleben lässt. Das Wort Gottes rührt die Herzen, bekehrt sie zu Gott und seiner Logik, die so ganz anders ist als die unsrige; das Wort Gottes ist es, das unsere Gemeinschaften immer wieder erneuert...
Ich glaube, das ist ein Aspekt, unter dem wir uns alle ein bisschen verbessern können: wir alle können uns bemühen, mehr auf das Wort Gottes zu hören, damit wir weniger reich sind an unseren Worten, dafür aber reicher an denen Gottes. Ich denke hier an die Priester, die die Aufgabe haben, zu predigen. Wie soll ein Priester predigen, wenn er nicht zuerst sein Herz geöffnet, wenn er nicht in der Stille dem Wort Gottes gelauscht hat? Schluss mit diesen langweiligen, nicht enden wollenden Predigten, von denen man ohnehin nichts versteht! Ja, das gilt euch! Ich denke an die Eltern, Vater und Mutter, die die ersten Erzieher sind: Wie sollen sie erziehen, wenn ihr Gewissen nicht vom Wort Got-

tes erleuchtet ist, wenn sie sich in ihrer Art zu denken und zu handeln nicht von Seinem Wort leiten lassen; welches Beispiel können sie ihren Kindern geben? Das ist wichtig, denn wie oft hören wir die Eltern später klagen: „Ach ja, dieses Kind ..."

> Es genügt nicht, die Heilige Schrift zu lesen – wir müssen Jesus hören, der aus ihr spricht.

Aber was ist mit Dir? Welches Beispiel hast Du Deinem Kind gegeben? Wie hast Du mit ihm gesprochen? Hast Du vom Wort Gottes gesprochen oder von den Worten der Fernsehnachrichten? Schon Vater und Mutter müssen vom Wort Gottes sprechen! Und dann denke ich an die Katechisten, an alle Erzieher: Wenn ihr Herz nicht vom Wort Gottes erwärmt worden ist, wie sollen sie dann die Herzen der anderen erwärmen, die Herzen der Kinder, der Jugendlichen, der Erwachsenen? Es genügt nicht, die Heilige Schrift zu lesen – wir müssen Jesus hören, der aus ihr spricht: denn Jesus ist es, der in der Heiligen Schrift spricht, Jesus spricht darin. Wir müssen wie Antennen sein, die auf Empfang geschaltet, auf das Wort Gottes eingestellt sind – nur so können wir auch Antennen sein, die senden! Man empfängt und man sendet weiter. Der Geist Gottes ist es, der die Heilige Schrift lebendig macht, sie verständlich werden lässt bis ins Innerste, ihren ganzen und vollen Sinn! Fragen wir uns doch einmal, sozusagen als Denkanstoß für die kommende Synode: Welchen Platz hat das Wort

Gottes in meinem Leben, in meinem Alltag? Habe ich Gott gegenüber auf Empfang geschaltet, oder bin ich nur für die jeweiligen Modetrends oder für mich selbst empfänglich? Diese Frage muss sich ein jeder von uns stellen.

Ansprache in Assisi, 4. Oktober 2013

Bleiben wir keine Randfiguren

Glaube bedeutet auch, Gott zu glauben, zu glauben, dass es wahr ist, dass er uns liebt, dass er lebt, dass er fähig ist, auf geheimnisvolle Weise einzugreifen, dass er uns nicht verlässt, dass er in seiner Macht und seiner unendlichen Kreativität Gutes aus dem Bösen hervorgehen lässt. Es bedeutet zu glauben, dass er siegreich in der Geschichte fortschreitet zusammen mit den „Berufenen, Auserwählten und Treuen" (Offb 17,14). Glauben wir dem Evangelium, das sagt, dass das Reich Gottes schon in der Welt da ist, hier und dort auf verschiedene Art und Weise wächst – wie das kleine Samenkorn, das zu einem großen Baum werden kann (vgl. Mt 13,31-32), wie die Hand voll Sauerteig, der eine große Masse durchsäuert (vgl. Mt 13,33), und wie der gute Samen, der mitten unter dem Unkraut wächst (vgl. Mt 13,24-30) – und uns immer angenehm überraschen kann. Es ist da, es kommt wieder, es kämpft, um von neuem zu blühen. Die Auferstehung Christi bringt überall Keime dieser neuen Welt hervor; und selbst wenn sie abgeschnitten werden, treiben sie wieder aus, denn die Auferstehung des Herrn hat schon das verborgene Treiben dieser Geschichte durchdrungen, denn Jesus ist nicht umsonst auferstanden. Bleiben wir in diesem Lauf der lebendigen Hoffnung keine Randfiguren!

Da wir nicht immer diese aufkeimenden Sprossen sehen, brauchen wir eine innere Gewissheit und die Überzeugung, dass Gott in jeder Situation handeln kann, auch inmitten scheinbarer Misserfolge, denn „diesen Schatz tragen wir in zerbrechlichen Gefäßen" (2 Kor 4,7). Diese Gewissheit ist das, was „Sinn für das Mysterium" genannt wird. Es bedeutet, mit Bestimmtheit zu wissen, dass sicher Frucht bringen wird (vgl. Joh 15,5), wer sich Gott aus Liebe darbringt und sich ihm hingibt. Diese Fruchtbarkeit ist oft nicht sichtbar, nicht greifbar und kann nicht gemessen werden. Man weiß wohl, dass das eigene Leben Frucht bringen wird, beansprucht aber nicht zu wissen wie, wo oder wann. Man hat die Sicherheit, dass keine der Arbeiten, die man mit Liebe verrichtet hat, verloren geht, dass keine der ehrlichen Sorgen um den Nächsten, keine Tat der Liebe zu Gott, keine großherzige Mühe, keine leidvolle Geduld verloren ist. All das kreist um die Welt als eine lebendige Kraft. Manchmal kommt es uns vor, als habe unsere Arbeit kein Ergebnis gebracht, aber die Mission ist weder ein Geschäft noch ein unternehmerisches Projekt, sie ist keine humanitäre Organisation, keine Veranstaltung, um zu zäh-

> Man hat die Sicherheit, dass keine der Arbeiten, die man mit Liebe verrichtet hat, verloren geht.

len, wie viele dank unserer Propaganda daran teilgenommen haben; es ist etwas viel Tieferes, das sich jeder Messung entzieht. Vielleicht verwendet der Herr unsere Hingabe, um Segen zu spenden an einem anderen Ort der Welt, wo wir niemals hinkommen werden. Der Heilige Geist handelt, wie er will, wann er will und wo er will; wir aber setzen uns ohne den Anspruch ein, auffällige Ergebnisse zu sehen. Wir wissen nur, dass unsere Hingabe notwendig ist. Lernen wir, in den zärtlichen Armen des Vaters zu ruhen, inmitten unserer kreativen und großherzigen Hingabe. Machen wir weiter, geben wir ihm alles, aber lassen wir zu, dass er es ist, der unsere Mühen fruchtbar macht, wie es ihm gefällt.

> Geben wir ihm alles, aber lassen wir zu, dass er es ist, der unsere Mühen fruchtbar macht, wie es ihm gefällt.

Um den missionarischen Eifer lebendig zu halten, ist ein entschiedenes Vertrauen auf den Heiligen Geist vonnöten, denn er „nimmt sich unserer Schwachheit an" (Röm 8,26). Aber dieses großherzige Vertrauen muss genährt werden, und dafür müssen wir den Heiligen Geist beständig anrufen. Er kann alles heilen, was uns im missionarischen Bemühen schwächt. Es ist wahr, dass dieses Vertrauen auf den Unsichtbaren in uns ein gewisses Schwindelgefühl hervorrufen kann: Es ist wie ein Eintauchen in ein Meer, wo wir nicht wissen, was auf uns zukommen wird. Ich selbst habe das viele Male erlebt. Es gibt aber keine größere Freiheit, als sich vom Heiligen Geist tragen zu lassen, darauf zu verzichten, alles berechnen und kontrollieren zu wollen, und zu erlauben, dass er uns erleuchtet, uns führt, uns Orientierung gibt und uns treibt, wohin er will. Er weiß gut, was zu jeder Zeit und in jedem Moment notwendig ist. Das heißt, in geheimnisvoller Weise fruchtbar sein!

Evangelii Gaudium, Nr. 278-280

Das Licht,
das wiederentdeckt werden muss

Es ist dringend, die Art von Licht wiederzugewinnen, die dem Glauben eigen ist, denn wenn seine Flamme erlischt, verlieren am Ende auch alle anderen Leuchten ihre Kraft. Das Licht des Glaubens besitzt nämlich eine ganz besondere Eigenart, da es fähig ist, das gesamte Sein des Menschen zu erleuchten. Um so stark zu sein, kann ein Licht nicht von uns selber ausgehen, es muss aus einer ursprünglicheren Quelle kommen, es muss letztlich von Gott kommen. Der Glaube keimt in der Begegnung mit dem lebendigen Gott auf, der uns ruft und uns seine Liebe offenbart, eine Liebe, die uns zuvorkommt und auf die wir uns stützen können, um gefestigt zu sein und unser Leben aufzubauen. Von dieser Liebe verwandelt, empfangen wir neue Augen, erfahren wir, dass in ihr eine große Verheißung von Fülle liegt, und es öffnet sich uns der Blick in die Zukunft. Der Glaube, den wir von Gott als eine übernatürliche Gabe empfangen, erscheint als Licht auf dem Pfad, das uns den Weg weist in der Zeit. Einerseits kommt er aus der Vergangenheit, ist er das Licht

> Der Glaube erscheint als Licht auf dem Pfad, das uns den Weg weist in der Zeit.

eines grundlegenden Gedächtnisses, des Gedenkens des Lebens Jesu, in dem sich dessen absolut verlässliche Liebe gezeigt hat, die den Tod zu überwinden vermag. Da Christus aber auferstanden ist und über den Tod hinaus uns an sich zieht, ist der Glaube zugleich ein Licht, das von der Zukunft her kommt, vor uns großartige Horizonte eröffnet und uns über unser isoliertes Ich hinaus in die Weite der Gemeinschaft hineinführt. Wir begreifen also, dass der Glaube nicht im Dunkeln wohnt; dass er ein Licht für unsere Finsternis ist.

Lumen Fidei, Nr. 4

Maria als Vorbild des Glaubens

In welchem Sinne stellt Maria ein Vorbild für den Glauben der Kirche dar? Denken war darüber nach, wer die Jungfrau Maria war: ein jüdisches Mädchen, das mit ganzem Herzen die Erlösung ihres Volkes erwartete. Aber im Herzen dieser jungen Tochter Israels war ein Geheimnis, das sie selbst noch nicht kannte: Im Liebesplan Gottes war sie dazu bestimmt, die Mutter des Erlösers zu werden. Bei der Verkündigung nennt der Bote Gottes sie „Begnadete" und offenbart ihr diesen Plan. Maria antwortet mit „Ja", und von jenem Augenblick an erhält Marias Glaube ein neues Licht: Er richtet sich auf Jesus aus, den Sohn Gottes, der in ihr Fleisch angenommen hat und in dem die Verheißungen der ganzen Heilsgeschichte sich erfüllen. Marias Glaube ist die Erfüllung des Glaubens Israels, in ihr ist wirklich der ganze Weg jenes Volkes verdichtet, das die Erlösung erwartete. Und in diesem Sinne ist sie das Vorbild des Glaubens der Kirche, dessen Mittelpunkt Christus ist, die menschgewordene unendliche Liebe Gottes.
Wie hat Maria diesen Glauben gelebt? Sie hat ihn in der Einfachheit der zahllosen täglichen Aufgaben und Sorgen einer jeden Mutter gelebt, die sich um

Essen, Kleidung, den Haushalt kümmert. Eben dieses gewöhnliche Leben der Gottesmutter war die Grundlage, auf der eine einzigartige Beziehung und ein tiefer Dialog zwischen ihr und Gott, zwischen ihr und ihrem Sohn stattfanden. Marias „Ja", das von Anfang an vollkommen war, ist gewachsen bis zur Stunde des Kreuzes. Dort ist ihre Mutterschaft umfassend geworden, sie schließt einen jeden von uns ein, unser Leben, um uns zu ihrem Sohn zu führen. Maria hat stets eingetaucht in das Geheimnis des menschgewordenen Gottessohnes gelebt, als seine erste und vollkommene Jüngerin, und hat in ihrem Herzen im Licht des Heiligen Geistes über alles nachgedacht, um den ganzen Willen Gottes zu verstehen und umzusetzen.

Wir können uns eine Frage stellen: Lassen wir uns erleuchten vom Glauben Marias, die unsere Mutter ist? Oder meinen wir, sie sei uns fern und ganz anders als wir? Blicken wir in Augenblicken der Schwierigkeiten, der Prüfung, der Dunkelheit auf sie als Vorbild des Vertrauens auf Gott, der immer nur unser Wohl will? Denken wir darüber nach. Vielleicht wird es uns gut tun, Maria in diesem Glauben, den sie hatte, als Vorbild und Urbild der Kirche wiederzufinden.

Generalaudienz am 23. Oktober 2013

Die Kirche, Mutter unseres Glaubens

Wer sich der Liebe Gottes geöffnet hat, wer seine Stimme gehört und sein Licht empfangen hat, der kann diese Gabe nicht für sich behalten. Da der Glaube Hören und Sehen ist, wird er auch als Wort und Licht weitergegeben. An die Korinther gewandt gebrauchte der Apostel Paulus eben diese beiden Bilder. Einerseits sagt er: „Doch haben wir den gleichen Geist des Glaubens, von dem es in der Schrift heißt: Ich habe geglaubt, darum habe ich geredet. Auch wir glauben, und darum reden wir" (2 Kor 4,13). Das empfangene Wort wird zur Antwort, zum Bekenntnis und erklingt so für die anderen wieder und lädt sie ein zu glauben. Andererseits bezieht sich der heilige Paulus auch auf das Licht: „Wir alle spiegeln mit enthülltem Angesicht die Herrlichkeit des Herrn wider und werden so in sein eigenes Bild verwandelt" (2 Kor 3,18). Es ist ein Licht, das sich von Gesicht zu Gesicht widerspiegelt, wie Mose den Schein des Glanzes Gottes an sich trug, nachdem er mit ihm geredet hatte: „[Gott] ist in unseren Herzen aufgeleuchtet, damit wir erleuchtet werden zur Erkenntnis des göttlichen Glanzes auf dem Antlitz Christi" (2 Kor 4,6). Das Licht Jesu erstrahlt wie in einem Spiegel auf dem Antlitz der Christen, und so verbreitet es sich, so gelangt es bis zu uns, damit auch wir an diesem Schauen teilhaben können und anderen sein Licht widerspiegeln, wie bei der Osterliturgie das Licht der Osterkerze viele andere Kerzen entzündet. Der Glaube wird sozusagen in der Form des Kontakts von Person zu Person weitergegeben, wie eine Flamme sich an einer anderen entzündet. Die Christen säen in ihrer Armut einen so fruchtbaren Samen, dass er ein großer Baum wird und die Welt mit Früchten zu erfüllen vermag.

Die Weitergabe des Glaubens, der für alle Menschen an allen Orten strahlt, verläuft auch über die Achse der Zeit, von Generation zu Generation. Da der Glaube aus einer Begegnung innerhalb der Geschichte hervorgeht und unseren Weg in der Zeit erleuchtet, muss er durch die Zeiten hindurch weitergegeben werden. Mittels einer ununterbrochenen Kette von Zeugnissen kommt die Gestalt Jesu zu uns. Wie ist das möglich? Wie können wir sicher sein, über die Jahrhunderte hinweg auf den „wahren Jesus" zurückzugehen? Wenn der Mensch ein vereinzeltes Wesen wäre, wenn wir allein vom individuellen „Ich", das die Sicherheit seiner Erkenntnis in sich suchen möchte, ausgehen wollten, wäre diese Gewissheit unmöglich. Von mir selbst aus kann ich nicht sehen, was in einer von

> Der Glaube wird von Person zu Person weitergegeben, wie eine Flamme sich an einer anderen entzündet.

mir so weit entfernten Epoche geschehen ist. Doch ist dies nicht die einzige Art und Weise, wie der Mensch Kenntnis erwirbt. Der Mensch lebt stets in Beziehung. Er kommt von anderen, gehört anderen, und sein Leben wird größer durch die Begegnung mit anderen. Und auch die eigene Kenntnis, das Selbstbewusstsein ist von relationaler Art und ist an andere gebunden, die uns vorangegangen sind — an erster Stelle unsere Eltern, die uns das Leben und den Namen gegeben haben. Die Sprache selbst, die Worte, mit denen wir unser Leben und unsere Wirklichkeit deuten, kommt durch andere auf uns; sie ist im lebendigen Gedächtnis der anderen bewahrt. Die Kenntnis unserer selbst ist nur möglich, wenn wir an einem größeren Gedächtnis teilhaben. So geschieht es auch im Glauben, der die menschliche Weise des Verstehens zur Fülle bringt. Die Vergangenheit des Glaubens, jener Akt der Liebe Jesu, der in der Welt ein neues Leben hervorgebracht hat, kommt auf uns durch das Gedächtnis der anderen, der Zeugen, und ist lebendig in dem einzigartigen Subjekt des Gedächtnisses, der Kirche. Die Kirche ist eine Mutter, die uns lehrt, die Sprache des Glaubens zu sprechen. In seinem Evangelium hat der heilige Johannes Nachdruck auf diesen Aspekt gelegt, indem er Glaube und Gedächtnis zusammenfügte und beide dem Wirken des Heiligen Geistes

> Die Kirche ist eine Mutter, die uns lehrt, die Sprache des Glaubens zu sprechen.

assoziierte, der – wie Jesus sagt – „euch an alles erinnern wird" (Joh 14,26). Die Liebe, die der Geist ist und in der Kirche wohnt, hält alle Zeiten untereinander geeint und macht uns zu „Zeitgenossen" Jesu. So leitet er unser Unterwegssein im Glauben.

Es ist unmöglich, allein zu glauben. Der Glaube ist nicht bloß eine individuelle Option, die im Innersten des Glaubenden geschieht, er ist keine isolierte Beziehung zwischen dem „Ich" des Gläubigen und dem göttlichen „Du", zwischen dem autonomen Subjekt und Gott. Der Glaube öffnet sich von Natur aus auf das „Wir" hin und vollzieht sich immer innerhalb der Gemeinschaft der Kirche. Daran erinnert uns das in der Taufliturgie verwendete Glaubensbekenntnis in Dialogform. Das Glauben drückt sich als Antwort auf eine Einladung, auf ein Wort aus, das gehört werden muss und nicht aus einem selbst kommt. Deshalb fügt es sich innerhalb eines Dialogs ein und kann nicht das bloße Bekenntnis sein, das vom Einzelnen kommt. Es ist nur deshalb möglich, in erster Person mit „Ich glaube" zu antworten, weil man zu einer größeren Gemeinschaft gehört, weil man auch „wir glauben" sagt. Diese Öffnung gegenüber dem „Wir" der Kirche geschieht gemäß der eigenen Öffnung gegenüber der Liebe Gottes, die nicht nur eine Beziehung zwischen Vater und Sohn, zwischen einem „Ich" und einem „Du" ist,

Wer glaubt, ist nie allein.

sondern im Geist auch ein „Wir", ein Miteinander von Personen. Deshalb gilt, wer glaubt, ist nie allein, und deshalb breitet der Glaube sich aus, lädt er andere zu dieser Freude ein. Wer den Glauben empfängt, entdeckt, dass die Räume seines „Ich" weiter werden, und in ihm wachsen neue Beziehungen, die sein Leben bereichern. Tertullian hat dies wirkungsvoll ausgedrückt, wenn er vom Katechumenen spricht, der „nach dem Bad der Wiedergeburt" im Haus der Mutter aufgenommen wird, um die Arme auszubreiten und gleichsam in einer neuen Familie gemeinsam mit den Brüdern zu unserem Vater zu beten. (Vgl. De Baptismo 20, 5: CCL I, 295.)

Lumen Fidei, Nr. 37-39

Gott ist unsere Hoffnung

Der Apostel sagt, dass durch die Auferstehung Jesu etwas absolut Neues geschieht: Wir sind von der Knechtschaft der Sünde befreit und werden zu Kindern Gottes, sind also zu neuem Leben geboren. Wann wird uns das zuteil? Im Sakrament der Taufe. In der frühen Kirche empfing man diese gewöhnlich durch Eintauchen. Der Täufling stieg in das große Taufbecken hinab und ließ seine Kleidung zurück. Der Bischof oder der Priester goss ihm dreimal Wasser über das Haupt und taufte ihn im Namen des Vaters und des Sohnes und des Heiligen Geistes.
Dann stieg der Getaufte aus dem Becken und zog das neue, weiße Gewand an: Er war also zu neuem Leben geboren, indem er in den Tod und die Auferstehung Christi eingetaucht war. Er war zum Kind Gottes geworden. Im Brief an die Römer schreibt der hl. Paulus: „Ihr habt den Geist empfangen, der euch zu Söhnen macht, den Geist, in dem wir rufen: Abba, Vater!" (Röm 8,15). Und der Geist, den wir in der Taufe empfangen haben, lehrt uns, spornt uns an, zu Gott „Vater" zu sagen, oder besser: „Abba", was „Papa" bedeutet. So ist unser Gott: Er ist ein liebevoller Vater, ein „Papa", für uns. Der Heilige

Geist wirkt in uns dieses neue Sein als Kinder Gottes. Und das ist das größte Geschenk, das wir vom Ostergeheimnis Jesu empfangen. Und Gott nimmt uns als Kinder an, er versteht uns, er vergibt uns, er umarmt uns, er liebt uns auch dann, wenn wir Fehler machen. Schon im Alten Testament sagte der Prophet Jesaja, dass selbst wenn eine Mutter ihren Sohn vergessen würde, Gott uns nicht vergisst, nicht einen Augenblick (vgl. 49,15). Und das ist schön!

Wir können als Kinder Gottes leben! Und darin besteht unsere Würde.

Doch diese Beziehung zu Gott als seine Söhne und Töchter ist nicht wie ein Schatz, den wir in einer Ecke unseres Lebens hüten, sondern er muss wachsen, er muss Tag für Tag genährt werden durch das Hören des Wortes Gottes, das Gebet, die Teilnahme an den Sakramenten, insbesondere der Beichte und der Eucharistie, und durch die Nächstenliebe. Wir können als Kinder Gottes leben! Und darin besteht unsere Würde – wir besitzen die Würde der Kinder Gottes. Wir müssen uns als wahre Kinder Gottes verhalten!

Das heißt, wir müssen uns täglich von Christus verwandeln lassen, um zu werden wie er; es heißt, sich zu bemühen, als Christen zu leben, zu versuchen, ihm nachzufolgen, auch wenn wir unsere Grenzen und unsere Schwächen sehen. Die Versuchung, Gott beiseite zu schieben, um uns selbst in den Mittelpunkt zu stellen, lauert stets vor der Tür, und die Erfahrung der Sünde verletzt unser christliches Leben, unsere Gotteskindschaft. Wir müssen daher den Mut des Glaubens haben und dürfen uns nicht von der Denkweise verleiten lassen, die zu uns sagt: „Du brauchst Gott nicht, er ist nicht wichtig für dich" und so weiter. Genau das Gegenteil ist der Fall: Nur wenn wir uns als Kinder Gottes verhalten, ohne uns von unserem Fallen, unseren Sünden entmutigen zu lassen, und uns von ihm geliebt fühlen, wird unser Leben neu, unbeschwert und voller Freude. Gott ist unsere Stärke! Gott ist unsere Hoffnung!

Gott ist unsere Stärke! Gott ist unsere Hoffnung!

Wir müssen als erste an dieser Hoffnung festhalten und allen ein sichtbares, deutliches, leuchtendes Zeichen dafür sein! Der auferstandene Herr ist die unvergängliche Hoffnung, die nicht zugrunde gehen lässt (Röm 5,5). Die Hoffnung lässt nicht zugrunde gehen. Die Hoffnung des Herrn! Wie oft in unserem Leben schwinden die Hoffnungen, wie oft werden die Erwartungen, die wir im Herzen tragen, nicht erfüllt! Die Hoffnung, die wir Christen haben, ist wahr, stark, sicher, auf dieser Erde, wohin Gott uns berufen hat, um unseren Weg zu gehen, und sie ist offen auf die Ewigkeit hin, weil sie auf Gott gründet, der immer treu ist. Wir dürfen nicht vergessen: Gott ist immer treu; Gott ist uns immer treu. Mit Christus auferstanden zu sein durch die Taufe, durch das Geschenk des Glaubens, für ein unzerstörbares Erbe, möge uns dazu bringen, vermehrt die Dinge Gottes zu suchen, mehr an ihn zu denken, mehr zu ihm zu beten.

Christ sein heißt nicht bloß, die Gebote befolgen, sondern in Christus sein, wie er denken, wie er handeln, wie er lieben; es bedeutet zuzulassen, dass er von unserem Leben Besitz ergreift und es verwandelt und frei macht vom Dunkel des Bösen und der Sünde.

Wer nach der Hoffnung fragt, die uns erfüllt (vgl. 1 Petr 3,15), den wollen wir auf den auferstandenen Christus verweisen. Wir wollen auf ihn verweisen durch die Verkündigung des Wortes, vor allem aber durch unser Leben als Auferstandene. Wir wollen die Freude zeigen, Kinder Gottes zu sein, die Freiheit, die uns das Leben in Christus schenkt, das die wahre Freiheit ist, die uns aus der Knechtschaft des Bösen, der Sünde, des Todes erlöst!

Wenn wir auf das himmlische Vaterland schauen, werden wir auch in unserem Tun und in unseren täglichen Mühen neues Licht und neue Kraft haben. Es ist ein wertvoller Dienst, den wir dieser unserer Welt leisten müssen, die es oft nicht mehr schafft, den Blick in die Höhe zu erheben, die es oft nicht mehr schafft, den Blick zu Gott zu erheben.

Generalaudienz, 10. April 2013

LIEBE UND BARMHERZIGKEIT

Hirten zu sein bedeutet auch Bereitschaft, mitten unter der Herde zu gehen sowie hinter ihr herzugehen: fähig, die stille Erzählung des Leidenden anzuhören und die Schritte derer zu unterstützen, die fürchten, es nicht zu schaffen; aufmerksam bemüht, aufzurichten, zu beruhigen, Sicherheit zu geben und Hoffnung einzuflößen. Aus dem Austausch mit den Demütigen und Einfachen geht unser Glaube immer gestärkt hervor: Schieben wir also jede Art von Hochmut beiseite, um uns über die zu beugen, die der Herr unserer Sorge anvertraut hat.

Predigt am 23. Mai 2013

Unter dem Mantel Mariens

Mutter der Stille,
die das Geheimnis Gottes bewahrt,
befreie uns von der Vergötzung der
Gegenwart, zu der derjenige verurteilt ist,
der vergisst.

Reinige die Augen der Hirten
mit der Salbe der Erinnerung:
Wir werden zur Frische der Anfänge
zurückkehren, für eine betende und
bußfertige Kirche.

Mutter der Schönheit,
die aus der Treue zur täglichen
Arbeit erblüht,
wecke uns aus der Benommenheit
der Trägheit, der Engherzigkeit und
der Resignation.

Bekleide die Hirten mit jenem Mitleid,
das eint und integriert:
Wir werden die Freude einer dienenden,
demütigen und geschwisterlichen Kirche
entdecken.

Mutter der Zärtlichkeit,
die mit Geduld und Barmherzigkeit umhüllt,
hilf uns, Traurigkeit, Ungeduld und
Härte dessen zu verbrennen, der keine
Zugehörigkeit kennt.

Bitte bei deinem Sohn, damit unsere Hände,
Füße und Herzen geschickt seien:
Wir werden die Kirche mit der Wahrheit in
Liebe aufbauen.

Mutter, wir werden das Volk Gottes sein,
auf dem Pilgerweg zum Reich Gottes.
Amen.

Predigt am 23. Mai 2013

Die Liebe Gottes geht allem voran

Gott ist immer der erste, er kommt vor uns an, er geht uns voraus. Der Prophet Jesaja – oder Jeremia, ich erinnere mich nicht genau – sagte, dass Gott wie die Blüte des Mandelbaumes ist, denn es ist der erste Baum, der im Frühling blüht. Das heißt, dass Gott immer vor uns blüht. Wenn wir ankommen, erwartet er uns. Er ruft uns, er lässt uns vorangehen. Er ist immer vor uns da. Und das nennt sich Liebe, denn Gott erwartet uns immer. „Aber Vater, das glaube ich nicht, denn wenn Sie wüssten, Vater ... Mein Leben war so schlecht, wie kann ich da meinen, dass Gott mich erwartet?" „Gott erwartet dich. Und wenn du ein großer Sünder warst, dann erwartet er dich noch mehr, und er erwartet dich mit so viel Liebe, denn er ist der erste." Das ist die Schönheit der Kirche, dass sie uns zu diesem Gott führt, der uns erwartet! Er geht Abraham voraus, er geht auch Adam voraus. Abraham und die Seinen hören den Ruf Gottes und machen sich auf den Weg, auch wenn sie nicht genau wissen, wer dieser Gott ist und wohin er sie führen will. Das ist wahr, denn Abraham macht sich auf den Weg im Vertrauen auf diesen Gott, der zu ihm gesprochen hat, aber er hatte kein theologisches Buch, um zu studieren, wer dieser Gott war. Er vertraut, er vertraut auf die Liebe. Gott lässt ihn die Liebe spüren, und er vertraut ihm.

Das bedeutet jedoch nicht, dass diese Menschen stets überzeugt und treu sind. Im Gegenteil, von Anfang an gibt es Widerstände, den Rückzug in sich selbst und in die eigenen Interessen und die Versuchung, mit Gott zu handeln und die Dinge auf die eigene Art zu lösen. Und das ist der Verrat und die Sünde, die den Weg des Volkes während der ganzen Heilsgeschichte prägen, jener Geschichte der Treue Gottes und der Untreue des Volkes.

> Das ist die Schönheit der Kirche, dass sie uns zu diesem Gott führt, der uns erwartet!

Gott wird jedoch nicht müde, Gott hat Geduld, er hat viel Geduld, und in der Zeit erzieht und bildet er weiterhin sein Volk, wie ein Vater seinen eigenen Sohn. Gott geht mit uns. Der Prophet Hosea sagt: „Ich bin mit dir gegangen und habe dich laufen gelehrt, wie ein Vater das Kind laufen lehrt." Das ist ein schönes Bild von Gott! Und so ist es mit uns: Er (Gott) lehrt uns laufen. Und dieselbe Haltung nimmt er gegenüber der Kirche ein.

Denn trotz unseres Vorsatzes, Jesus nachzufolgen, erfahren auch wir jeden Tag den Egoismus und die Härte unseres Herzens. Wenn wir uns jedoch als Sünder bekennen, erfüllt Gott uns mit seiner Barmherzigkeit und mit seiner Liebe. Und er vergibt uns, er vergibt uns immer. Und genau das lässt uns als

Volk Gottes, als Kirche wachsen: nicht unser Können, nicht unsere Verdienste – wir zählen nur ganz wenig, das ist es nicht –, sondern die tägliche Erfahrung, wie sehr der Herr uns liebt und für uns Sorge trägt. Das lässt uns spüren, dass wir wirklich die Seinen, in seinen Händen sind, und es lässt uns in der Gemeinschaft mit ihm und untereinander wachsen. Kirche sein bedeutet zu spüren, in den Händen Gottes zu sein, der Vater ist und uns liebt, uns liebkost, uns erwartet, uns seine Zärtlichkeit spüren lässt. Und das ist sehr schön! Liebe Freunde, das ist der Plan Gottes; als er Abraham gerufen hat, dachte Gott daran, ein von seiner Liebe gesegnetes Volk zu bilden, das allen Völkern der Erde seinen Segen bringt. Dieser Plan verändert sich nicht, er ist stets gültig. In Christus hat er seine Erfüllung gefunden, und noch heute verwirklicht Gott ihn weiterhin in der Kirche. Bitten wir also um die Gnade, dass wir der Nachfolge des Herrn und dem Hören auf sein Wort treu bleiben, in der Bereitschaft, jeden Tag aufzubrechen, wie Abraham, zum Land Gottes und des Menschen, unserer wahren Heimat, und so zum Segen zu werden, zum Zeichen der Liebe Gottes für alle seine Kinder.

Gott lehrt uns laufen.

Generalaudienz am 18. Juni 2014

Vorbild Franziskus

Was bezeugt uns der heilige Franziskus heute? Was sagt er uns, nicht mit Worten – das ist einfach –, sondern mit dem Leben?

1. Das Erste, was er uns sagt, das Grundlegende, was er uns bezeugt, ist dies: Christsein ist eine lebendige Beziehung zur Person Jesu, ist ein Sich-Bekleiden mit ihm, ein Ihm-ähnlich-Werden.

Wo nimmt der Weg des heiligen Franziskus zu Christus seinen Anfang? Beim Blick des gekreuzigten Jesus. Sich von ihm anschauen lassen in dem Moment, in dem er sein Leben für uns hingibt und uns zu sich zieht. Franziskus hat diese Erfahrung in besonderer Weise in der kleinen Kirche von San Damiano gemacht, als er vor dem Kruzifix betete, das auch ich heute noch verehren werde. Auf diesem Kreuz erscheint Jesus nicht tot, sondern lebend! Das Blut fließt aus den Wunden der Hände, der Füße und der Seite herab, doch dieses Blut drückt Leben aus. Jesus hat die Augen nicht geschlossen, sondern geöffnet, weit offen: ein Blick, der zum Herzen spricht. Und der Gekreuzigte spricht uns nicht von Niederlage, von Scheitern. Paradoxerweise spricht er uns von einem Tod, der Leben ist, der Leben hervorbringt, denn er spricht uns von

Liebe, weil er die Mensch gewordene Liebe Gottes ist. Und die Liebe stirbt nicht, nein, sie besiegt das Böse und den Tod. Wer sich vom gekreuzigten Jesus anschauen lässt, wird gleichsam neu erschaffen, wird eine „neue Schöpfung". Das ist der Ausgangspunkt von allem: Es ist die Erfahrung der verwandelnden Gnade, unverdient geliebt zu sein, obwohl man Sünder ist. Darum kann Franziskus wie der heilige Paulus sagen: „Ich aber will mich allein des Kreuzes Jesu Christi, unseres Herrn, rühmen" (Gal 6,14).

Wir wenden uns an dich, heiliger Franziskus, und bitten dich: Lehre uns, vor dem Gekreuzigten zu verweilen, uns von ihm anschauen zu lassen, uns von seiner Liebe vergeben und neu erschaffen zu lassen.

2. Im Evangelium haben wir diese Worte gehört: „Kommt alle zu mir, die ihr euch plagt und schwere Lasten zu tragen habt. Ich werde euch Ruhe verschaffen. Nehmt mein Joch auf euch und lernt von mir; denn ich bin gütig und von Herzen demütig" (Mt 11,28-29).

Das ist das Zweite, was Franziskus uns bezeugt: Wer Christus nachfolgt, empfängt den wahren Frieden, den nur er uns geben kann und nicht die Welt. Der heilige Franziskus wird von vielen mit dem Frieden verbunden, und das ist recht so, doch wenige gehen in die Tiefe. Welches ist der Friede,

> Wer sich vom gekreuzigten Jesus anschauen lässt, wird gleichsam neu erschaffen.

den Franziskus empfangen und gelebt hat und den er an uns weitergibt? Es ist der Friede Christi, der den Weg über die größte Liebe, die des Kreuzes, genommen hat. Es ist der Friede, den der auferstandene Jesus den Jüngern schenkte, als er in ihrer Mitte erschien (vgl. Joh 20,19.20).

Der franziskanische Friede ist keine Gefühlsduselei. Bitte, diesen heiligen Franziskus gibt es nicht! Und er ist auch nicht eine Art pantheistischer Harmonie mit den Energien des Kosmos... Auch das ist nicht franziskanisch. Auch das ist nicht franziskanisch, sondern eine Idee, die einige entwickelt haben! Der Friede des heiligen Franziskus ist der Friede Christi, und diesen Frieden findet, wer Christi „Joch auf sich nimmt", nämlich sein Gebot: Liebt einander, so wie ich euch geliebt habe (vgl. Joh 13,34; 15,12). Und dieses Joch kann man nicht mit Arroganz, mit Überheblichkeit, mit Hochmut tragen, sondern nur mit Gütigkeit und Herzensdemut kann man es tragen.

> Der franziskanische Friede ist keine Gefühlsduselei.

Wir wenden uns an dich, heiliger Franziskus, und bitten dich: Lehre uns, „Werkzeuge des Friedens" zu sein, jenes Friedens, der seine Quelle in Gott hat, des Friedens, den Jesus, der Herr, uns gebracht hat.

3. Franziskus beginnt seinen Sonnengesang so: „Höchster, allmächtiger, guter Herr ... gelobt seist du ... mit allen deinen Geschöpfen" (FF, 1820,

in: Franziskus-Quellen, Kevelaer 2009, S. 40). Die Liebe zur gesamten Schöpfung, zu ihrer Harmonie. Der Heilige von Assisi bezeugt die Achtung gegenüber allem, was Gott erschaffen hat – und wie Er es erschaffen hat –, ohne mit der Schöpfung zu experimentieren, um sie zu zerstören: ihr helfen, sich zu entwickeln und immer schöner zu werden, immer mehr dem zu entsprechen, wie Gott sie geschaffen hat. Und vor allem bezeugt der heilige Franziskus die umfassende Achtung gegenüber dem Menschen, dass der Mensch berufen ist, den Menschen zu schützen, dass der Mensch im Zentrum der Schöpfung steht, an dem Ort, wo Gott, der Schöpfer, ihn wollte, und nicht Werkzeug der Götzen sei, die wir selber schaffen! Harmonie und Frieden: Franziskus war ein Mensch der Harmonie und des Friedens. Von dieser „Stadt des Friedens" aus wiederhole ich mit der Kraft und der Sanftheit der Liebe: Achten wir die Schöpfung, seien wir nicht Werkzeuge der Zerstörung! Achten wir jeden Menschen: Mögen die bewaffneten Konflikte, die die Erde mit Blut durchtränken, aufhören, mögen die Waffen schweigen und überall der Hass der Liebe weichen, die Beleidigung der Vergebung und die Zwietracht der Einheit! Hören wir den Schrei derer, die weinen, leiden und sterben aufgrund der Gewalt, des Terrorismus oder des Krieges – im

> Franziskus war ein Mensch der Harmonie und des Friedens.

Heiligen Land, das der heilige Franziskus so sehr
liebte, in Syrien, im ganzen Nahen Osten, in aller
Welt.
Wir wenden uns an dich,
heiliger Franziskus,
und bitten dich:
Erwirke uns von Gott die Gabe,
dass in dieser unserer Welt
Harmonie, Frieden
und Achtung gegenüber der Schöpfung herrsche!

Predigt in Assisi, 4. Oktober 2013

Die Entweltlichung heißt Entkleidung

Mein Mitbruder im Bischofsamt hat gesagt, dass heute zum ersten Mal seit 800 Jahren ein Papst in den „Saal der Entkleidung" im Bischofshaus kommt. In den letzten Tagen ist in den Zeitungen, in den Kommunikationsmitteln, viel fantasiert worden. „Der Papst geht dorthin, um die Kirche zu ‚entkleiden'!" „Was wird er die Kirche ablegen lassen?" „Die Gewänder der Bischöfe, der Kardinäle; er wird bei sich selbst beginnen."

> Die Kirche sind wir alle! Alle! Angefangen beim ersten Getauften sind wir alle Kirche.

Es ist ein guter Anlass, die Kirche aufzufordern, sich zu „entkleiden". Aber die Kirche sind wir alle! Alle! Angefangen beim ersten Getauften sind wir alle Kirche. Und wir alle müssen den Weg Jesu gehen, der selbst den Weg der „Entkleidung", der Entäußerung, gegangen ist. So wurde er zum Knecht, zum Diener; er wollte sich demütigen bis zum Kreuzesopfer. Und wenn wir Christen sein wollen, dann gibt es keinen anderen Weg. Können wir denn kein Christentum machen, das ein bisschen menschlicher ist – sagen die einen –, ohne Kreuz, ohne Jesus, ohne „Entkleidung"? Auf diese Weise würden wir „Christen aus der Konditorei" werden;

Christen, die wie schöne Torten sind, wie schöne, süße Dinge! Schön zwar, aber doch alles andere als Christen! Der ein oder andere wird fragen: „Doch wessen muss sich die Kirche entledigen?" Sie muss sich heute einer großen Gefahr entledigen, die jede Person in der Kirche bedroht, uns alle: die Gefahr der Weltlichkeit. Der Christ kann nicht mit dem Geist der Weltlichkeit leben. Der Weltlichkeit, die zur Eitelkeit führt, zur Anmaßung, zum Hochmut. Und das ist ein Götze – nicht Gott. Es ist ein Götze! Und der Götzendienst ist die schlimmste Sünde!

> Der Christ kann nicht mit dem Geist der Weltlichkeit leben.

Wenn in den Medien von der Kirche gesprochen wird, dann meint man, die Kirche wären die Priester, die Ordensschwestern, die Bischöfe, die Kardinäle und der Papst. Dabei sind doch, wie ich bereits sagte, wir alle die Kirche. Und wir alle müssen diese Weltlichkeit ablegen: den Geist, der dem Geist der Seligpreisungen entgegengesetzt ist; den Geist, der das Gegenteil des Geistes Jesu ist. Die Weltlichkeit tut uns nicht gut. Es ist sehr traurig, wenn man einem Christen begegnet, der dem Geist der Welt verfallen ist und meint, die Sicherheit zu haben, die ihm der Glaube gibt, und auch die, die ihm die Welt gibt. Man kann nicht auf beiden Seiten zugleich agieren. Die Kirche – wir alle – müssen die Weltlichkeit ablegen, die zur Eitelkeit führt, zum Stolz, zum Götzendienst.

Jesus selbst hat gesagt: „Niemand kann zwei Herren dienen: entweder dient man Gott oder dem Geld" (vgl. Mt 6,24). Im Geld lag dieser ganze weltliche Geist; Geld, Eitelkeit, Hochmut, dieser Weg ... das dürfen wir nicht ... es ist traurig, wenn wir mit der einen Hand auslöschen, was wir mit der anderen schreiben. Das Evangelium ist das Evangelium! Gott ist einzig! Jesus hat sich für uns zum Knecht gemacht und der Geist der Welt hat damit nichts zu tun. Ich bin heute hier bei euch. Viele von euch sind von dieser erbarmungslosen Welt „entkleidet" worden, in der es keine Arbeit gibt, in der es keine Hilfe gibt; der es gleichgültig ist, ob es auf der Welt Kinder gibt, die verhungern; der es gleichgültig ist, dass viele Familie nichts zu essen haben und denen die Würde fehlt, ihre Familie ernähren zu können; der es gleichgültig ist, dass viele Menschen auf der Flucht sind vor Sklaverei und Hunger und dass sie flüchten müssen, um Freiheit zu suchen. Mit wie viel Schmerz sehen wir, dass sie dabei manchmal sogar den Tod finden, wie erst gestern wieder in Lampedusa: heute ist ein Tag der Tränen! Diese Dinge bewirkt der Geist der Welt. Es ist ganz einfach lächerlich, wenn ein Christ – ein wahrer Christ –, ein Priester, eine Ordensfrau, ein Bischof, ein Kardinal, ein Papst diesen Weg der Weltlichkeit gehen will, was ein selbstmörderisches Vorhaben ist.

> Niemand kann zwei Herren dienen: entweder dient man Gott oder dem Geld.

Die geistliche Weltlichkeit tötet! Sie tötet die Seele! Sie tötet die Personen! Sie tötet die Kirche!

Als sich Franziskus hier in einer symbolischen Geste seiner Kleider entledigte, war er ein junger Mann und hatte nicht die Kraft dazu. Die Kraft Gottes hat ihn dazu getrieben, das zu tun; die Kraft Gottes, die uns an das erinnern wollte, was uns Jesus über den Geist der Welt gesagt hat; an das, worum Jesus den Vater gebeten hat: dass uns der Vater vor dem Geist der Welt bewahre. Heute bitten wir hier um Gnade für alle Christen. Der Herr schenke uns allen den Mut, uns frei zu machen – aber nicht von 20 Lire, sondern vom Geist der Welt, der die Lepra, das Krebsgeschwür unserer Gesellschaft ist! Er ist das Krebsgeschwür der Offenbarung Gottes! Der Geist der Welt ist der Feind Jesu! Ich bitte den Herrn, dass er uns allen diese Gnade schenken möge, uns frei zu machen.

Ansprache in Assisi, 4. Oktober 2013

Vergeben lernen

Die Vergebung unserer Sünden ist nicht etwas, das wir uns selbst geben können. Ich kann nicht sagen: Ich vergebe mir die Sünden. Um Vergebung bittet man, bittet man einen anderen, und in der Beichte bitten wir Jesus um Vergebung. Die Vergebung ist nicht Frucht unseres Mühens, sondern sie ist ein Geschenk, sie ist ein Geschenk des Heiligen Geistes, der uns in die Barmherzigkeit und Gnade eintaucht, die unablässig vom geöffneten Herzen des gekreuzigten und auferstandenen Christus ausströmt. Zweitens erinnert er uns daran, dass wir nur, wenn wir uns in Jesus mit dem Vater und mit den Brüdern versöhnen lassen, wirklich im Frieden sein können. Und das haben wir alle im Herzen gespürt, wenn wir zur Beichte gehen, mit einer Last auf der Seele, etwas Traurigkeit. Und wenn wir die Vergebung Jesu erfahren, sind wir im Frieden, mit jenem so schönen Frieden der Seele, den nur Jesus schenken kann, nur er. Mit der Zeit ist die Feier dieses Sakraments von einer öffentlichen – denn am Anfang wurde sie öffentlich vollzogen – zur persönlichen Form übergegangen, zur vertraulichen Form der Beichte. Dadurch darf jedoch nicht der kirchliche Ursprung verlorengehen, der den lebensspendenden Kontext bildet. Denn die christliche Gemeinde ist der Ort, an dem der Heilige Geist gegenwärtig wird, der die Herzen in der Liebe Gottes erneuert und alle Brüder in Christus Jesus vereint. Es genügt also nicht, den Herrn im eigenen Verstand und im eigenen Herzen um Vergebung zu bitten, sondern es ist notwendig, die eigenen Sünden demütig und vertrauensvoll dem Diener der Kirche zu beichten. In der Feier dieses Sakraments vertritt der Priester nicht nur Gott, sondern die ganze Gemeinschaft, die sich in der Schwäche eines jeden ihrer Glieder selbst wiedererkennt, die tief bewegt seine Reue vernimmt, die sich mit ihm versöhnt, die ihn ermutigt und ihn auf dem Weg der Umkehr und der menschlichen und christlichen Reife begleitet. Jemand könnte sagen: Ich beichte nur bei Gott. Ja, du kannst zu Gott sagen: „Vergib mir", und deine Sünden bekennen, aber unsere Sünden richten sich auch gegen die Brüder, gegen die Kirche. Daher ist es notwendig, die Kirche, die Brüder in der Person des Priesters um Vergebung zu bitten. „Aber Vater, ich schäme mich..." Auch die Scham ist gut, es ist gesund, etwas Scham zu empfinden, denn sich schämen ist heilsam. Wenn ein Mensch keine Scham empfindet, dann sagen wir in meinem Land, dass er ein „schamloser" Mensch ist: ein Mensch „sin verguenza". Aber auch die Scham

> Die Vergebung ist nicht Frucht unseres Mühens, sondern sie ist ein Geschenk.

VERGEBEN LERNEN

tut wohl, denn sie macht uns demütiger, und der Priester nimmt mit Liebe und mit Zärtlichkeit diese Beichte entgegen und vergibt im Namen Gottes. Auch vom menschlichen Gesichtspunkt her, um sein Herz auszuschütten, ist es gut, mit dem Bruder zu sprechen und dem Priester diese Dinge zu sagen, die mein Herz so schwer machen. Und man spürt, dass man sein Herz vor Gott ausschüttet, mit der Kirche, mit dem Bruder. Habt keine Angst vor der Beichte! Wenn man ansteht, um zu beichten, spürt man all diese Dinge, auch die Scham, aber dann, nach der Beichte, geht man frei heraus, groß, schön, versöhnt, weiß, glücklich. Das ist das Schöne an der Beichte! Ich möchte euch fragen – sagt es aber nicht mit lauter Stimme, jeder möge in seinem Herzen antworten –: Wann hast du zum letzten Mal gebeichtet? Jeder denke darüber nach... War es vor zwei Tagen, vor zwei Wochen, vor zwei Jahren, vor 20 Jahren, vor 40 Jahren? Jeder möge nachrechnen, aber ein jeder sage sich: Wann habe ich zum letzten Mal gebeichtet? Und wenn viel Zeit vergangen ist, dann verliere keinen Tag mehr, geh hin, denn der Priester wird gütig sein. Jesus ist da, und Jesus ist gütiger als die Priester, Jesus nimmt dich an, er nimmt dich sehr liebevoll an. Sei mutig und geh zur Beichte!

Generalaudienz am 19. Februar 2014

Die Sendung der Priester

Die heiligen Gewänder des Hohenpriesters sind reich an Symbolen. Eines davon ist das der Namen der Söhne Israels, die in die Onyx-Steine eingraviert waren, welche die Schultern des Efod – des Vorläufers unseres heutigen Messgewands – zierten: sechs Namen auf dem Stein der rechten Schulter und sechs auf dem der linken (vgl. Ex 28,6-14). Auch in das Brustschild waren die Namen der zwölf Stämme Israels eingraviert (vgl. Ex 28,21). Das bedeutet, dass der Priester sich beim Zelebrieren das ihm anvertraute Volk auf die Schultern lädt und seine Namen ins Herz eingeschrieben trägt. Wenn wir uns mit unserem einfachen Messgewand bekleiden, kann es uns hilfreich sein, auf unseren Schultern und im Herzen das Gewicht unseres gläubigen Volkes, unserer Heiligen und unserer Märtyrer – und in unserer Zeit gibt es deren viele! – zu spüren und sie uns vor Augen zu führen.

Von der Schönheit des Liturgischen, das nicht einfach Verzierung und Freude an schönen Gewändern ist, sondern Gegenwart der Herrlichkeit unseres Gottes, die in seinem lebendigen und gestärkten Volk ihren Widerschein findet, gehen wir nun zur Betrachtung der Handlung über. Das kostbare

Öl, das das Haupt Aarons salbt, beschränkt sich nicht darauf, ihm selbst Duft zu verleihen, sondern breitet sich aus und gelangt bis in die „Randgebiete". Der Herr wird es dann deutlich sagen: Seine Salbung ist für die Armen, die Gefangenen, die Kranken und für die, welche traurig und einsam sind. Die Salbung, liebe Brüder, ist nicht dafür da, uns selber in Duft zu hüllen, und erst recht nicht, damit wir sie in einer Ampulle aufbewahren, denn das Öl würde ranzig... und das Herz bitter.

Den guten Priester erkennt man daran, wie sein Volk gesalbt wird; das ist ein deutliches Beweismittel. Wenn die uns anvertrauten Menschen mit dem Öl der Freude gesalbt werden, ist das zu merken – zum Beispiel, wenn sie aus der Messe kommen mit dem Gesicht dessen, der eine gute Nachricht erhalten hat. Die Leute mögen es, wenn das Evangelium so gepredigt wird, dass man die Salbung spürt, sie mögen es, wenn das Evangelium, das wir predigen, ihr Alltagsleben erreicht, wenn es wie das Salböl Aarons bis an den „Saum" der Wirklichkeit hinabfließt, wenn es die Grenzsituationen, die „Randgebiete" erleuchtet, wo das gläubige Volk stärker der Invasion derer ausgesetzt ist, die seinen Glauben ausplündern wollen. Die Leute danken uns, weil sie spüren, dass wir unter Einbeziehung der Situation ihres Alltagslebens gebetet haben, mit ihren Leiden und ihren Freuden, ihren

> Den guten Priester erkennt man daran, wie sein Volk gesalbt wird.

Ängsten und ihren Hoffnungen. Und wenn sie spüren, dass der Duft des Gesalbten schlechthin, der Duft Christi, durch uns zu ihnen kommt, fühlen sie sich ermutigt, uns all das anzuvertrauen, von dem sie möchten, dass es den Herrn erreiche: „Beten Sie für mich, Pater, denn ich habe dieses Problem", „segnen Sie mich, Pater", „beten Sie für mich" – das sind Zeichen dafür, dass die Salbung am Saum des Gewandes angekommen ist, denn sie wird in Bittgebet verwandelt, in Bittgebet des Gottesvolkes. Wenn wir in dieser Beziehung zu Gott und zu seinem Volk stehen und die Gnade durch uns hindurchfließt, dann sind wir Priester, Mittler zwischen Gott und den Menschen. Was ich hervorheben möchte ist, dass wir stets die Gnade wieder aufleben lassen müssen und in jeder Bitte, manchmal unangebracht, manchmal rein materiell oder sogar banal – aber das ist es nur scheinbar – den Wunsch unserer Leute, mit dem duftenden Öl gesalbt zu werden, intuitiv erfassen müssen, denn sie wissen, dass wir es besitzen. Intuitiv erfassen und erspüren, wie der Herr die von Hoffnung erfüllte Qual der unter Blutungen leidenden Frau spürte, als sie den Saum seines Mantels berührte. Dieser Moment Jesu inmitten der Menschen, die sich von allen Seiten um ihn drängen, verkörpert die ganze Schönheit des priesterlich bekleideten Aarons mit dem Salböl, das auf seine Gewänder herabfließt.

> So müssen wir hinausgehen, um unsere Salbung zu erproben.

Es ist eine verborgene Schönheit, die nur für die von Glauben erfüllten Augen jener Frau erstrahlt, die an Blutungen litt. Selbst die Jünger – zukünftige Priester – vermögen nicht zu sehen, begreifen nicht: In der „existenziellen Peripherie" sehen sie nur die Äußerlichkeit der Menge, die sich von allen Seiten um Jesus drängt, so dass sie ihn beinahe erdrückt (vgl. Lk 8,42). Der Herr hingegen spürt die Kraft der göttlichen Salbung, die den Saum seines Mantels erreicht.

So müssen wir hinausgehen, um unsere Salbung zu erproben, ihre Macht und ihre erlösende Wirksamkeit: in den „Randgebieten", wo Leiden herrscht, Blutvergießen; Blindheit, die sich danach sehnt zu sehen, wo es Gefangene so vieler schlechter Herren gibt. Es ist eben gerade nicht in den Selbsterfahrungen oder in den wiederholten Introspektionen, dass wir dem Herrn begegnen: Selbsthilfekurse können im Leben nützlich sein, doch unser Priesterleben zu verbringen, indem wir von einem Kurs zum anderen, von einer Methode zur anderen übergehen, das führt dazu, Pelagianer zu werden, die Macht der Gnade herunterzuspielen, die in dem Maß aktiv wird und wächst, in dem wir gläubig hinausgehen, um uns selbst zu verschenken und den anderen das Evangelium zu geben, das bisschen Salbung, das wir besitzen, denen zu schenken, die absolut gar nichts haben.

> Die Leute mögen es, wenn das Evangelium, das wir predigen, ihr Alltagsleben erreicht.

Der Priester, der wenig aus sich herausgeht, der wenig salbt – ich sage nicht „gar nicht", denn, Gott sei Dank, entreißen die Leute uns die Salbung – kommt um das Beste unseres Volkes, um das, was das Innerste seines Priesterherzens zu aktivieren vermag. Wer nicht aus sich herausgeht, wird, statt Mittler zu sein, allmählich ein Zwischenhändler, ein Verwalter. Wir kennen alle den Unterschied: Der Zwischenhändler und der Verwalter „haben bereits ihren Lohn", und da sie ihre eigene Haut und ihr Herz nicht aufs Spiel setzen, empfangen sie keinen liebevollen Dank, der von Herzen kommt. Genau daher kommt die Unzufriedenheit einiger, die schließlich traurig, traurige Priester, und zu einer Art Antiquitäten- oder Neuheitensammler werden, anstatt Hirten mit dem „Geruch der Schafe" zu sein – das erbitte ich von euch: Seid Hirten mit dem „Geruch der Schafe", dass man ihn riecht –, Hirten inmitten ihrer Herde und Menschenfischer. Es ist wahr, dass die so genannte Identitätskrise des Priesters uns alle bedroht und mit einer Kulturkrise einhergeht, doch wenn wir ihre Welle zu durchbrechen verstehen, werden wir im Namen des Herrn in See stechen und die Netze auswerfen können. Es ist gut, dass die Wirklichkeit selbst uns dazu führt, dorthin zu gehen, wo das, was wir aus Gnade sind, eindeutig als reine Gnade erscheint: in dieses Meer der heutigen Welt, wo allein die Salbung zählt – und nicht die Funktion – und die aus-

geworfenen Netze sich allein im Namen dessen als fruchtbringend erweisen, auf den wir vertraut haben: Jesus.
Liebe Gläubige, seid euren Priestern nahe mit Zuneigung und mit Gebet, damit sie immer Hirten nach dem Herzen Gottes seien.

Predigt am 28. März 2013

Die Pflicht, die von Herzen kommt

Das ist bewegend: Jesus wäscht seinen Jüngern die Füße. Petrus verstand gar nichts, er verweigerte es. Aber Jesus hat es ihm erklärt. Jesus – Gott – hat das getan! Und er selbst erklärt den Jüngern: „Begreift ihr, was ich für euch getan habe? Ihr sagt zu mir Meister und Herr, und ihr nennt mich mit Recht so; denn ich bin es. Wenn nun ich, der Herr und Meister, euch die Füße gewaschen habe, dann müsst auch ihr einander die Füße waschen. Ich habe euch ein Beispiel gegeben, damit auch ihr so handelt, wie ich an euch gehandelt habe" (Joh 13,12b-15). Es ist das Vorbild des Herrn. Er ist der Wichtigste und ... wäscht die Füße. Denn unter uns muss der, welcher der Höchste ist, den anderen zu Diensten sein. Und das ist ein Symbol, ein Zeichen, nicht wahr? Die Füße waschen bedeutet: Ich bin dir zu Diensten. Und auch wir, unter uns – nicht dass wir jeden Tag einander die Füße waschen müssen –, aber was bedeutet dies? Dass wir einander helfen müssen, einer dem andern. Manchmal habe ich mich geärgert über den einen, über die andere ... aber ... lass es gut sein. Lass es gut sein, und wenn er dich um einen Gefallen

> Die Füße waschen bedeutet: Ich bin dir zu Diensten.

bittet, tu es. Uns gegenseitig helfen: Das ist es, was Jesus uns lehrt, und das ist es, was ich tue. Und ich tue es von Herzen, denn es ist meine Pflicht. Als Priester und als Bischof muss ich euch zu Diensten sein. Aber es ist eine Pflicht, die mir aus dem Herzen kommt: ich liebe es. Ich liebe es, und liebe, es zu tun, denn so hat es mich der Herr gelehrt. Aber auch ihr: Helft uns, helft uns immer! Einer dem andern. Und wenn wir so einander helfen, tun wir einander Gutes. Jetzt vollziehen wir diese Zeremonie der Fußwaschung, und denken wir – jeder von uns denke darüber nach: „Aber ich, bin ich wirklich bereit zu dienen, dem andern zu helfen?" Denken wir nur an das. Und denken wir, dass dieses Zeichen eine Liebkosung Jesu ist, die Jesus gibt, weil Jesus genau dafür gekommen ist: um zu dienen, um uns zu helfen.

Predigt am 28. März 2013

Mit Maria auf dem Weg der Neuevangelisierung

Maria versteht es, mit ein paar ärmlichen Windeln und einer Fülle zärtlicher Liebe einen Tierstall in das Haus Jesu zu verwandeln. Sie ist die Magd des Vaters, die in Lobpreis ausbricht. Sie ist die Freundin, die stets aufmerksam ist, dass der Wein in unserem Leben nicht fehlt. Sie, deren Herz von einem Schwert durchdrungen wurde, versteht alle Nöte. Als Mutter von allen ist sie Zeichen der Hoffnung für die Völker, die Geburtswehen leiden, bis die Gerechtigkeit hervorbricht. Sie ist die Missionarin, die uns nahe kommt, um uns im Leben zu begleiten, und dabei in mütterlicher Liebe die Herzen dem Glauben öffnet. Als wahre Mutter geht sie (Maria) mit uns, streitet für uns und verbreitet unermüdlich die Nähe der Liebe Gottes. Durch die verschiedenen marianischen Anrufungen, die gewöhnlich mit den Heiligtümern verbunden sind, teilt sie die Geschichte jedes Volkes, das das Evangelium angenommen hat, und wird zu einem Teil seiner geschichtlichen Identität. Viele christliche Väter bitten darum, dass ihre Kinder in einem Marienheiligtum getauft werden, und zeigen damit ihren Glauben an

> Als wahre Mutter geht Maria mit uns.

das mütterliche Wirken Marias, die für Gott neue Kinder hervorbringt. Dort in den Heiligtümern kann man beobachten, wie Maria ihre Kinder um sich versammelt, die unter großer Anstrengung als Pilger kommen, um sie zu sehen und von ihr gesehen zu werden. Hier finden sie die Kraft Gottes, um die Leiden und Mühen des Lebens zu ertragen. Wie dem heiligen Juan Diego gibt sie ihnen mit zärtlicher Liebe ihren mütterlichen Trost und flüstert ihnen zu: „Dein Herz beunruhige sich nicht [...] Bin denn ich, die ich doch deine Mutter bin, etwa nicht hier?" (Nican Mopohua, 118-119).

Die Mutter des lebendigen Evangeliums bitten wir um ihre Fürsprache, dass diese Einladung zu einer neuen Phase der Verkündigung des Evangeliums von der ganzen Gemeinschaft der Kirche angenommen werde. Sie ist die Frau des Glaubens, die im Glauben lebt und unterwegs ist (vgl. Zweites Vatikanisches Konzil, Dogm. Konst. Lumen gentium über die Kirche, 52-69), und „ihr außergewöhnlicher Pilgerweg des Glaubens stellt so einen bleibenden Bezugspunkt dar für die Kirche" (Johannes Paul II., Enzyklika Redemptoris Mater (25. März 1987), 6: AAS 79 (1987), 366). Sie ließ sich vom Heiligen Geist auf einem Weg des Glaubens zu einer Bestimmung des Dienstes und der Fruchtbarkeit führen. Heute richten wir unseren Blick auf sie, dass sie uns helfe, allen die Botschaft des Heils zu verkünden, und dass alle neuen Jünger zu Verkündern des Evangeliums werden (Vgl. Propositio 58). Auf diesem Pilgerweg der Evangelisierung fehlen nicht die Phasen der Trockenheit, des Dunkels bis hin zu mancher Mühsal, wie sie Maria während der Jahre in Nazaret erlebt hat, als Jesus heranwuchs: „Dieser ist der Anfang des Evangeliums, der guten, frohen Botschaft. Es ist aber nicht schwer, in jenem Anfang auch eine besondere Mühe des Herzens zu erkennen, die mit einer gewissen „Nacht des Glaubens" verbunden ist – um ein Wort des heiligen Johannes vom Kreuz zu gebrauchen –, gleichsam ein „Schleier", durch den hindurch man sich dem Unsichtbaren nahen und mit dem Geheimnis in Vertrautheit leben muss. Auf diese Weise lebte Maria viele Jahre in Vertrautheit mit dem Geheimnis ihres Sohnes und schritt voran auf ihrem Glaubensweg." (Johannes Paul II., Enzyklika Redemptoris Mater (25. März 1987), 17: AAS 79 (1987), 381)

> An Maria sehen wir, dass die Demut und die Zärtlichkeit nicht Tugenden der Schwachen, sondern der Starken sind.

Es gibt einen marianischen Stil bei der missionarischen Tätigkeit der Kirche. Denn jedes Mal, wenn wir auf Maria schauen, glauben wir wieder an das Revolutionäre der Zärtlichkeit und der Liebe. An ihr (Maria) sehen wir, dass die Demut und die Zärtlichkeit nicht Tugenden der Schwachen, sondern der Starken sind, die nicht andere schlecht zu behandeln brauchen, um sich wichtig zu fühlen. Wenn wir auf Maria schauen, sehen wir, dass diejenige, die Gott lobte, weil er „die Mächtigen vom Thron stürzt" und „die Reichen leer ausgehen lässt" (vgl. Lk 1,52.53), in unsere Suche nach Gerechtigkeit Geborgenheit bringt. Auch bewahrt sie sorgfältig „alles in ihrem Herzen und denkt darüber nach" (vgl. Lk 2,19). Maria weiß, die Spuren des Geistes Gottes in den großen Geschehnissen zu erkennen und auch in denen, die nicht wahrnehmbar scheinen. Sie betrachtet das Geheimnis Gottes in der Welt, in der Geschichte und im täglichen Leben von jedem und allen Menschen. Sie ist die betende und arbeitende Frau in Nazaret, und sie ist auch unsere Frau von der unverzüglichen Bereitschaft, die aus ihrem Dorf aufbricht, um den anderen „eilends" (vgl. Lk 1,39) zu helfen. Diese Dynamik der Gerechtigkeit und der Zärtlichkeit, des Betrachtens und des Hingehens zu den anderen macht Maria zu einem kirchlichen Vorbild für die Evangelisierung. Wir bitten sie, dass sie uns mit ihrem mütterlichen Gebet helfe, damit die Kirche ein Haus für viele werde, eine Mutter für alle Völker, und dass die Entstehung einer neuen Welt möglich werde. Der Auferstandene sagt uns mit einer Macht, die uns mit großer Zuversicht und fester Hoffnung erfüllt: „Seht, ich mache alles neu" (Offb 21,5). Mit Maria gehen wir vertrauensvoll diesem Versprechen entgegen und sagen zu ihr:

Jungfrau und Mutter Maria,
vom Heiligen Geist geführt
nahmst du das Wort des Lebens auf,
in der Tiefe deines demütigen Glaubens
ganz dem ewigen Gott hingegeben.
Hilf uns, unser „Ja" zu sagen
angesichts der Notwendigkeit,
die dringlicher ist denn je,
die Frohe Botschaft Jesu erklingen zu lassen.

Du, von der Gegenwart Christi erfüllt,
brachtest die Freude zu Johannes dem Täufer
und ließest ihn im Schoß seiner Mutter frohlocken.
Du hast, bebend vor Freude,
den Lobpreis der Wundertaten Gottes gesungen.
Du verharrtest standhaft unter dem Kreuz
in unerschütterlichem Glauben
und empfingst den freudigen Trost der Auferstehung,
du versammeltest die Jünger
in der Erwartung des Heiligen Geistes,
damit die missionarische Kirche entstehen konnte.

Erwirke uns nun einen neuen Eifer als Auferstandene,
um allen das Evangelium des Lebens zu bringen,
das den Tod besiegt.
Gib uns den heiligen Wagemut,
neue Wege zu suchen,

damit das Geschenk der Schönheit, die nie erlischt,
zu allen gelange.

Du, Jungfrau des hörenden Herzens und des Betrachtens,
Mutter der Liebe, Braut der ewigen Hochzeit,
tritt für die Kirche ein, deren reinstes Urbild du bist,
damit sie sich niemals verschließt oder still steht
in ihrer Leidenschaft, das Reich Gottes aufzubauen.

Stern der neuen Evangelisierung,
hilf uns, dass wir leuchten
im Zeugnis der Gemeinschaft, des Dienstes,
des brennenden und hochherzigen Glaubens,
der Gerechtigkeit und der Liebe zu den Armen,
damit die Freude aus dem Evangelium
bis an die Grenzen der Erde gelange und
keiner Peripherie sein Licht vorenthalten werde.

Mutter des lebendigen Evangeliums,
Quelle der Freude für die Kleinen,
bitte für uns.
Amen. Halleluja!

Evangelii Gaudium, Nr. 286-288

Maria als Vorbild der Liebe

Auf welche Weise ist Maria für die Kirche ein lebendiges Vorbild in der Liebe? Denken wir an ihre Bereitschaft gegenüber ihrer Verwandten Elisabet. Maria hat ihr durch ihren Besuch nicht nur materielle Hilfe gebracht, auch das, sondern sie hat Jesus gebracht, der schon in ihrem Schoß lebte.
Jesus in jenes Haus zu bringen bedeutete, Freude zu bringen, vollkommene Freude. Elisabet und Zacharias waren glücklich über die Schwangerschaft, die in ihrem Alter unmöglich schien, aber es ist die junge Maria, die ihnen die vollkommene Freude bringt, die von Jesus und vom Heiligen Geist kommt und die in unentgeltlicher Liebe, im Teilen, in der gegenseitigen Hilfe, im Verständnis zum Ausdruck kommt. Die Gottesmutter will auch uns, uns allen, das große Geschenk bringen, das Jesus ist: Und mit ihm bringt sie uns seine Liebe, seinen Frieden, seine Freude. So ist die Kirche wie Maria: Die Kirche ist kein Geschäft, sie ist keine humanitäre Einrichtung, die Kirche ist keine Nichtregierungsorganisation, die Kirche ist gesandt, allen Menschen Christus und sein Evangelium zu bringen. Sie bringt nicht

> Die Kirche ist gesandt, allen Menschen Christus und sein Evangelium zu bringen.

sich selbst, ob sie klein, groß, stark oder schwach ist: die Kirche bringt Jesus und muss wie Maria sein, als sie ihre Verwandte Elisabet besucht hat. Was hat Maria ihr gebracht? Jesus. Die Kirche bringt Jesus: Das ist der Mittelpunkt der Kirche, Jesus zu bringen! Nehmen wir an, es würde einmal passieren, dass die Kirche nicht Jesus bringt: Dann wäre das eine tote Kirche! Die Kirche muss die Liebe Jesu bringen, die Zuneigung Jesu, die Liebe Jesu.

> Das Leben der heiligen Jungfrau Maria war das Leben einer Frau ihres Volkes.

Wir haben über Maria gesprochen, über Jesus. Und wir? Wir, die wir die Kirche sind? Welche Liebe bringen wir den anderen? Ist es die Liebe Jesu, der teilt, der vergibt, der begleitet, oder ist es eine verwässerte Liebe, wie man Wein verlängert, der wie Wasser schmeckt? Ist es eine starke Liebe, oder ist sie so schwach, dass sie der Sympathie folgt, dass sie die Gegenleistung sucht, eine eigennützige Liebe? Eine weitere Frage: Mag Jesus die eigennützige Liebe? Nein, er mag sie nicht, denn die Liebe muss unentgeltlich sein, wie seine Liebe. Wie sind die Beziehungen in unseren Pfarreien, in unseren Gemeinschaften? Behandeln wir einander wie Brüder und Schwestern? Oder urteilen wir übereinander, reden wir schlecht übereinander, kümmert sich ein jeder um sein kleines „Gärtlein", oder kümmern wir uns umeinander? Das sind Fragen der Liebe!

Und kurz ein letzter Aspekt: Maria als Vorbild der Einheit mit Christus. Das Leben der heiligen Jungfrau Maria war das Leben einer Frau ihres Volkes: Maria betete, arbeitete, ging in die Synagoge. Aber jede Tätigkeit wurde stets in vollkommener Einheit mit Jesus verrichtet. Diese Einheit erreicht ihren Höhepunkt auf Golgota: Hier vereint sich Maria mit ihrem Sohn im Martyrium des Herzens und in der Hingabe des Lebens an den Vater für das Heil der Menschheit. Die Gottesmutter hat sich den Schmerz ihres Sohnes zu eigen gemacht und hat mit ihm den Willen des Vaters angenommen, in jenem fruchtbringenden Gehorsam, der den wahren Sieg über das Böse und über den Tod schenkt.

Diese Wirklichkeit, die Maria uns lehrt, ist sehr schön: immer mit Jesus vereint zu sein. Wir können uns fragen: Denken wir nur an Jesus, wenn etwas nicht stimmt und wir ihn brauchen, oder haben wir eine ständige Beziehung zu ihm, eine tiefe Freundschaft, auch wenn es darum geht, ihm auf dem Weg des Kreuzes nachzufolgen? Bitten wir den Herrn, dass er uns seine Gnade, seine Kraft schenke, damit sich in unserem Leben und im Leben einer jeden kirchlichen Gemeinschaft das Vorbild Marias, Mutter der Kirche, widerspiegelt.

Generalaudienz am 23. Oktober 2013

Die Konsequenz der Liebe

Ich habe eine Art Meditation für uns Bischöfe gehalten, zuallererst für mich selbst, der ich Bischof bin wie Ihr, und ich möchte sie mit euch teilen.
Wir hören den wunderbaren Dialog zwischen Jesus und Petrus, mit der an den Apostel gerichteten Frage, die aber auch in unseren Herzen als Bischöfe erklingen muss. „Liebst du mich?"; „Bist du mein Freund?" (vgl. Joh 21,15ff.).
Die Frage ist an einen Mann gerichtet, der trotz feierlicher Versprechen von der Angst überwältigt wurde und verleugnet hatte. „Liebst du mich?"; „Bist du mein Freund?" Die Frage ist an mich und an jeden von uns gerichtet, an uns alle: Wenn wir es vermeiden, überstürzt und oberflächlich zu antworten, dann führt sie uns dazu, in uns selbst hineinzuschauen, in uns zu gehen.
„Liebst du mich?"; „Bist du mein Freund?" Der, der die Herzen erforscht (vgl. Röm 8,27), macht sich zum Bettler der Liebe und befragt uns zum einzigen wirklich wesentlichen Aspekt, der Voraussetzung und Bedingung ist, um seine Schafe, seine Lämmer, seine Kirche zu weiden. Jedes Amt ist gegründet auf diese Vertrautheit mit dem Herrn; aus Ihm zu leben, das ist das Maß unseres kirchlichen

Dienstes, der in der Bereitschaft zum Gehorsam, zur Entäußerung, wie wir im Brief an die Philipper gehört haben, und zur Ganzhingabe (vgl. 2,6-11) zum Ausdruck kommt.

Im Übrigen besteht die Konsequenz der Liebe zum Herrn darin, alles für Ihn hinzugeben, wirklich alles, bis hin zum eigenen Leben: das ist es, was unseren pastoralen Dienst auszeichnen muss; das ist der Prüfstein, der aussagt, mit welcher Tiefe wir die empfangene Gabe aufgenommen haben, als wir auf den Ruf Jesu geantwortet haben, und wie sehr wir mit den uns anvertrauten Menschen und Gemeinschaften verbunden sind. Wir sind nicht Ausdruck einer Struktur oder einer organisatorischen Notwendigkeit: auch mit dem Dienst unserer Autorität sind wir gerufen, Zeichen der Gegenwart und des Handelns des auferstandenen Herrn zu sein und so die Gemeinschaft in der brüderlichen Liebe aufzubauen.

> Gebt Acht auf euch und auf die ganze Herde.

Das ist nicht selbstverständlich: Denn auch die größte Liebe wird schwach und verlöscht, wenn sie nicht beständig genährt wird. Nicht umsonst mahnt der Apostel Paulus: „Gebt Acht auf euch und auf die ganze Herde, in der euch der Heilige Geist zu Bischöfen bestellt hat, damit ihr als Hirten für die Kirche Gottes sorgt, die er sich durch das Blut seines eigenen Sohnes erworben hat" (Apg 20,28).

Mangelnde Wachsamkeit, das wissen wir, lässt den Hirten lau werden; sie macht ihn zerstreut, gedankenlos und sogar unduldsam; sie verführt ihn mit der Aussicht auf eine Karriere, der Schmeichelei des Geldes und den Kompromissen mit dem Geist der Welt; sie macht ihn träge und verwandelt ihn in einen Funktionär, einen Kleriker dem Stand nach, der mehr besorgt ist um sich selbst, die Organisation und die Strukturen als um das wahre Wohl des Gottesvolkes. So läuft man Gefahr, wie der Apostel Petrus den Herrn zu verleugnen, auch wenn man äußerlich in seinem Namen auftritt und spricht; man verdunkelt die Heiligkeit der hierarchischen Mutter Kirche, indem man sie weniger fruchtbar macht.

Herr, du weißt alles; du weißt, dass ich dich liebhabe.

Wer sind wir, Brüder, vor Gott? Was sind unsere Prüfungen? Wir haben viele; jeder von uns kennt seine eigenen. Was sagt uns Gott durch sie? Auf was stützen wir uns, um sie zu überwinden? Wie bei Petrus kann uns die beharrliche und eindringliche Frage Jesu schmerzlich berühren und uns die Schwäche unserer Freiheit bewusster werden lassen, die von tausend inneren und äußeren Einschränkungen bedroht ist, die häufig Verwirrung, Frustration und sogar Unglauben hervorrufen.

Das sind sicherlich nicht die Empfindungen und Haltungen, die der Herr wecken will; vielmehr nutzt sie der Feind, der Teufel, aus, um in Bitterkeit, Klage und Entmutigung zu isolieren. Jesus, der Gute Hirte, demütigt weder, noch überlässt er den eigenen Gewissensbissen: in Ihm spricht die Zärtlichkeit des Vaters, der tröstet und wieder aufrichtet; der von der Zersplitterung des Schämens, denn die Scham treibt uns wirklich auseinander, zum Netz des Vertrauens führt; er gibt neuen Mut, vertraut erneut Verantwortung an, überantwortet der Mission.

Petrus kann, durch das Feuer der Vergebung geläutert, demütig sagen: „Herr, du weißt alles; du weißt, dass ich dich liebhabe" (Joh 21,17). Ich bin sicher, dass wir alle dies von Herzen sagen können. Und Petrus, geläutert, ermahnt uns in seinem ersten Brief: „Sorgt als Hirten für die euch anvertraute Herde Gottes, nicht aus Zwang, sondern freiwillig [...], nicht aus Gewinnsucht, sondern aus Neigung; seid nicht Beherrscher eurer Gemeinden, sondern Vorbilder für die Herde!" (1 Petr 5,2-3).

Ja, Hirten zu sein bedeutet, jeden Tag an die Gnade und die Kraft zu glauben, die vom Herrn kommen, trotz unserer Schwachheit, und bis ins Tiefste die Verantwortung zu übernehmen, vor der Herde herzugehen, frei von Lasten, die die gesunde apostolische Eile behindern, und ohne Schwanken in der Führung, um unsere Stimme erkennbar werden zu lassen, sowohl bei denen, die den Glauben haben, als auch bei denen, die „nicht aus diesem Stall sind" (Joh 10,16): wir sind gerufen, uns den Traum

Gottes zu Eigen zu machen, dessen Haus keine Menschen oder Völker ausschließt, wie es Jesaja prophetisch verkündet hat (vgl. Jes 2,2-5).

Aus diesem Grund bedeutet Hirten zu sein auch Bereitschaft, mitten unter der Herde zu gehen sowie hinter ihr herzugehen: fähig, die stille Erzählung des Leidenden anzuhören und die Schritte derer zu unterstützen, die fürchten, es nicht zu schaffen; aufmerksam bemüht, aufzurichten, zu beruhigen, Sicherheit zu geben und Hoffnung einzuflößen. Aus dem Austausch mit den Demütigen und Einfachen geht unser Glaube immer gestärkt hervor: Schieben wir also jede Art von Hochmut beiseite, um uns über die zu beugen, die der Herr unserer Sorge anvertraut hat. Behalten wir unter diesen einen besonderen, einen ganz besonderen Platz unseren Priestern vor: vor allem für sie soll unser Herz, unsere Hand und unsere Tür unter allen Umständen offen sein. Sie sind die ersten Gläubigen, die wir Bischöfe haben: unsere Priester. Lieben wir sie! Lieben wir sie von Herzen! Sie sind unsere Söhne und unsere Brüder!

Predigt am 23. Mai 2013

Das Bild der Kirche

Die Kirche ist katholisch, weil sie das „Haus der Harmonie" ist, wo Einheit und Vielfalt sich miteinander zu verbinden wissen, um Reichtum zu sein. Denken wir an das Bild der Symphonie, die Einklang, Harmonie bedeutet. Verschiedene Instrumente spielen zusammen; jedes behält seinen unverwechselbaren Klang, und seine Klangfarben stimmen ein in etwas Gemeinsames. Dann gibt es den Leiter, den Dirigenten, und in der Symphonie, die aufgeführt wird, spielen alle zusammen in „Harmonie", aber der Klang des einzelnen Instruments wird nicht ausgelöscht, sondern die Besonderheit eines jeden wird sogar aufs Höchste hervorgehoben!

Es ist ein schönes Bild, das uns sagt, dass die Kirche wie ein großes Orchester ist, in dem Vielfalt herrscht. Wir sind nicht alle gleich, und wir müssen nicht alle gleich sein. Alle sind wir verschieden, unterschiedlich, jeder mit den eigenen Eigenschaften. Und das ist das Schöne an der Kirche: Jeder trägt das Seine bei, das Gott ihm geschenkt hat, um die anderen zu bereichern. Und unter den einzelnen Bestandteilen herrscht diese Vielfalt, aber es ist eine Vielfalt, die nicht in Konflikt gerät, sich nicht in

> Die Kirche ist die Harmonie aller.

Gegensatz zueinander stellt; es ist eine Vielfalt, die durch den Heiligen Geist in Harmonie miteinander eins wird; er ist der wahre „Dirigent", er selbst ist Harmonie. Und hier sollten wir uns fragen: Leben wir in unseren Gemeinschaften die Harmonie oder streiten wir untereinander? Gibt es in meiner Pfarrgemeinde, in meiner Bewegung, wo ich zur Kirche gehöre, Klatsch? Wenn es Klatsch gibt, gibt es keine Harmonie, sondern Kampf. Und das ist nicht die Kirche.

Die Kirche ist die Harmonie aller: Man darf nie übereinander klatschen, nie streiten! Nehmen wir den anderen an? Akzeptieren wir, dass es eine berechtigte Vielfalt gibt, dass dieser anders ist, dass jener so oder so denkt – im selben Glauben kann man auch unterschiedlich denken, oder neigen wir dazu, alles zu vereinheitlichen? Die Einförmigkeit tötet jedoch das Leben. Das Leben der Kirche ist Vielfalt, und wenn wir allen diese Gleichförmigkeit auferlegen wollen, dann töten wir die Gaben des Heiligen Geistes. Bitten wir den Heiligen Geist, den wahren Urheber dieser Einheit in der Vielfalt, dieser Harmonie, dass er uns immer „katholischer" mache, nämlich in dieser Kirche, die katholisch und universal ist!

Generalaudienz am 9. Oktober 2013

Die Einheit der Kirche

Demut, Friedfertigkeit, Geduld, Liebe, um die Einheit zu wahren! Das, das sind die Wege, die wahren Wege der Kirche. Hören wir sie noch einmal. Demut gegen die Eitelkeit, gegen den Hochmut, Demut, Friedfertigkeit, Geduld, Liebe, um die Einheit zu wahren. Und weiter sagte Paulus: ein Leib, der Leib Christi, den wir in der Eucharistie empfangen; ein Geist, der Heilige Geist, der die Kirche beseelt und ständig erneuert; eine Hoffnung, das ewige Leben; ein Glaube, eine Taufe, ein Gott und Vater aller (vgl. V. 4–6). Der Reichtum dessen, was uns vereint! Und das ist ein wahrer Reichtum: was uns vereint, nicht was uns trennt. Das ist der Reichtum der Kirche! Jeder frage sich heute: Lasse ich die Einheit in der Familie, in der Pfarrei, in der Gemeinschaft wachsen, oder bin ich ein Schwätzer, eine Schwätzerin? Verursache ich Spaltung, Schwierigkeiten? Ihr wisst nicht, wie sehr das Geschwätz der Kirche, den Pfarreien, den Gemeinschaften schadet! Es schadet! Das Geschwätz fügt Wunden zu. Bevor ein Christ schwätzt, sollte er sich in die Zunge beißen! Ja oder nein? Sich in die Zunge beißen: Das wird uns gut tun, weil die

> Bevor ein Christ schwätzt, sollte er sich in die Zunge beißen!

Zunge anschwillt, und er nicht sprechen und nicht schwätzen kann. Habe ich die Demut, mit Geduld, mit Opferbereitschaft die Wunden der Gemeinschaft zu heilen?

Abschließend der letzte Schritt zur Vertiefung. Und das ist eine schöne Frage: Wer ist die Triebkraft dieser Einheit der Kirche? Es ist der Heilige Geist, den wir alle in der Taufe und auch im Sakrament der Firmung empfangen haben. Es ist der Heilige Geist. Unsere Einheit ist nicht in erster Linie Frucht unseres Konsens oder der Demokratie innerhalb der Kirche oder unserer Bemühungen, uns zu einigen, sondern sie kommt von ihm, der Einheit in der Vielfalt schafft, denn der Heilige Geist ist Eintracht, er bewirkt immer Harmonie in der Kirche. Es ist eine harmonische Einheit in einer großen Vielfalt aus Kulturen, Sprachen und Denkweisen. Der Heilige Geist ist die Triebkraft. Deshalb ist das Gebet wichtig. Es ist die Seele unseres Bemühens als Männer und Frauen der Gemeinschaft, der Einheit, das Gebet zum Heiligen Geist, auf dass er kommen und in der Kirche Einheit schaffen möge.

Bitten wir den Herrn:

Herr, gib,
dass wir immer mehr vereint seien,
dass wir nie Werkzeuge der Spaltung sind;
gib, dass wir uns bemühen,
wie es in einem schönen franziskanischen Gebet heißt,
Liebe zu üben, wo man hasst,
zu verzeihen, wo man beleidigt,
zu verbinden, wo Streit ist.

Generalaudienz am 25. September 2013

Demut und Liebe

Und wenn wir auf Jesus schauen, dann sehen wir, dass er den Weg der Demut und des Dienstes gewählt hat. Ja, er selbst in seiner Person ist dieser Weg. Jesus war nicht unentschlossen, ihm waren die Dinge nicht gleichgültig: Er hat einen Entschluss gefasst, und er hat ihn bis zum Äußersten durchgeführt. Er hat sich entschlossen, Mensch zu werden und als Mensch ein Dienender zu sein, bis hin zum Tod am Kreuz. Das ist der Weg der Liebe: Es gibt keinen anderen. Daher sehen wir, dass die Nächstenliebe nicht einfach nur Wohlfahrt ist, und schon gar nicht Wohlfahrt, die dazu dient, das Gewissen zu beruhigen. Nein, das ist keine Liebe, das ist Handel, das ist Geschäftemacherei. Die Liebe ist unentgeltlich. Die Nächstenliebe, die Liebe ist eine Lebensentscheidung, eine Form des Daseins, des Lebens; sie ist der Weg der Demut und der Solidarität. Es gibt keinen anderen Weg für diese Liebe, als demütig und solidarisch zu sein. Das Wort „Solidarität" in dieser Wegwerfkultur – was man nicht braucht, wirft man weg , nur um sich gerecht zu fühlen, sich rein zu fühlen, sich sauber zu fühlen. Die Ärmsten! Das Wort „Solidarität" droht aus dem Wörterbuch ge-

> Die Liebe ist unentgeltlich.

strichen zu werden, denn es ist ein Wort, das stört. Es stört. Warum? Weil es dich zwingt, den anderen anzuschauen und dich dem anderen liebevoll hinzuschenken.

Es ist besser, es aus dem Wörterbuch zu streichen, weil es stört. Aber wir dagegen, wir sagen: Das ist der Weg: Demut und Solidarität. Warum? Haben wir Priester sie erfunden? Nein! Es kommt von Jesus: Er hat es gesagt! Und wir wollen diesen Weg gehen. Die Demut Christi ist kein Moralismus, kein Gefühl. Die Demut Christi ist real, sie ist die Entscheidung, gering zu sein, bei den Geringen zu sein, bei den Ausgegrenzten, mitten unter uns zu sein, die wir alle Sünder sind. Achtung, das ist keine Ideologie!

> Schauen wir auf Jesus: Er ist unsere Freude, aber auch unsere Kraft, unsere Gewissheit.

Es ist eine Form des Daseins und des Lebens, die von der Liebe ausgeht, vom Herzen Gottes ausgeht. Das ist das Erste, und ich freue mich sehr, mit euch darüber zu sprechen. Schauen wir auf Jesus: Er ist unsere Freude, aber auch unsere Kraft, unsere Gewissheit, denn er ist der sichere Weg: Demut, Solidarität, Dienst. Es gibt keinen anderen Weg. Bei der Statue Unserer Lieben Frau von Bonaria ist Christus in Marias Arm zu sehen. Als gute Mutter weist sie auf ihn hin, sie sagt uns, dass wir auf ihn vertrauen sollen.

Aber es genügt nicht zu schauen, man muss ihm nachfolgen! Und das ist der zweite Aspekt. Jesus ist nicht in die Welt gekommen, um eine Parade zu veranstalten, um sich zu zeigen. Er ist nicht dafür gekommen. Jesus ist der Weg, und ein Weg ist dazu da, ihn zu gehen, auf ihm unterwegs zu sein. Ich möchte also vor allem dem Herrn danken für eurer Bemühen, ihm nachzufolgen, auch in den Strapazen, im Leiden, hinter den Mauern eines Gefängnisses. Vertrauen wir weiter auf ihn, er wird eurem Herzen Hoffnung und Freude schenken! Ich möchte ihm danken für euch alle, die ihr euch hier in Cagliari und auf ganz Sardinien großherzig den Werken der Barmherzigkeit widmet. Ich möchte euch ermutigen, diesen Weg fortzusetzen, gemeinsam voranzugehen und danach zu streben, vor allem die Liebe untereinander zu bewahren.

> „Die Liebe Christi drängt uns."
> (2 Kor 5,14)

Das ist sehr wichtig. Wir können Jesus nicht auf dem Weg der Nächstenliebe nachfolgen, wenn wir nicht vor allem einander lieben und uns nicht darum bemühen zusammenzuarbeiten, einander zu verstehen und einander zu vergeben, indem wir alle die eigenen Grenzen und die eigenen Fehler erkennen. Wir müssen Werke der Barmherzigkeit tun, aber mit Barmherzigkeit! Unser Herz muss dort sein. Die Werke der Nächstenliebe mit Liebe, mit Zärtlichkeit, und immer mit Demut! Wisst ihr was? Manchmal begegnet man auch der Arroganz im Dienst an den Armen! Ich bin mir sicher, dass ihr sie erlebt habt. Die Arroganz im Dienst an jenen, die unseren Dienst brauchen. Einige brüsten sich, tun sich wichtig mit den Armen; einige gebrauchen die Armen für eigene Interessen oder die ihrer Gruppe. Ich weiß, das ist menschlich, aber es ist nicht in Ordnung! Das ist nicht das, was Jesus tut! Und ich sage noch mehr: Es ist eine Sünde! Es ist eine schwere Sünde, denn es bedeutet, die Notleidenden, jene, die Not leiden, die das Fleisch Jesu sind, für meine Eitelkeit zu gebrauchen. Ich gebrauche Jesus für meine Eitelkeit, und das ist eine schwere Sünde! Diese Personen bleiben besser zu Hause! Also: Jesus nachfolgen auf dem Weg der Nächstenliebe, mit ihm in die Randgebiete des Lebens gehen. „Die Liebe Christi drängt uns", sagte Paulus (2 Kor 5,14). Für den guten Hirten ist das, was fern ist, was am Rand steht, was verloren und verachtet ist, Gegenstand größerer Fürsorge, und die Kirche muss sich diese besondere Liebe und diese Aufmerksamkeit zu Eigen machen. In der Kirche sind die Ersten jene, die die meiste Not leiden, menschliche, geistliche, materielle Not, die meiste Not.

Und wenn wir Christus auf dem Weg der Nächstenliebe nachfolgen, dann säen wir Hoffnung aus. Hoffnung aussäen: Das ist die dritte Überzeugung, die ich mit euch teilen möchte. Die italienische Gesellschaft hat heute einen großen Bedarf an Hoffnung, insbesondere Sardinien.

> Lasst euch nicht die Hoffnung rauben, und geht voran!

Wer politische und zivile Verantwortung trägt, hat seine eigene Aufgabe, die man als Bürger aktiv unterstützen muss. Einige Mitglieder der christlichen Gemeinde sind berufen, sich im Bereich der Politik einzusetzen, was eine hohe Form der Nächstenliebe ist, wie Paul VI. gesagt hat. Aber als Kirche tragen wir alle eine große Verantwortung: die Hoffnung auszusäen mit Werken der Solidarität und dabei immer zu versuchen, auf bestmögliche Weise mit den öffentlichen Einrichtungen zusammenzuarbeiten, unter Achtung der jeweiligen Zuständigkeiten. Die „Caritas" ist Ausdruck der Gemeinde, und die Kraft der christlichen Gemeinde besteht darin, die Gesellschaft von innen heraus wachsen zu lassen, wie der Sauerteig. Ich denke an eure Initiativen mit den Strafgefangenen in den Gefängnissen, ich denke an die freiwillige Hilfe vieler Verbände, an die Solidarität mit den Familien, die am meisten unter der Arbeitslosigkeit leiden. In all dem sage ich euch: Habt Mut! Lasst euch nicht die Hoffnung rauben, und geht voran! Lasst sie euch nicht rauben! Im Gegenteil: Sät Hoffnung aus! Danke, liebe Freunde! Ich segne euch alle, zusammen mit euren Familien.

Ansprache am 22. September 2013

MUT UND ZUVERSICHT

> Mir ist eine „verbeulte" Kirche, die verletzt und beschmutzt ist, weil sie auf die Straßen hinausgegangen ist, lieber als eine Kirche, die aufgrund ihrer Verschlossenheit und ihrer Bequemlichkeit, sich an die eigenen Sicherheiten zu klammern, krank ist. Ich will keine Kirche, die darum besorgt ist, der Mittelpunkt zu sein, und schließlich in einer Anhäufung von fixen Ideen und Streitigkeiten verstrickt ist. Wenn uns etwas in heilige Sorge versetzen und unser Gewissen beunruhigen soll, dann ist es die Tatsache, dass so viele unserer Brüder und Schwestern ohne die Kraft, das Licht und den Trost der Freundschaft mit Jesus Christus leben, ohne eine Glaubensgemeinschaft, die sie aufnimmt, ohne einen Horizont von Sinn und Leben.

Evangelii Gaudium, Nummer 49

Wie Maria

Maria, Frau des Hörens,
lass unsere Ohren offen sein;
lass uns das Wort deines Sohnes Jesus
unter den tausend Worten dieser Welt
heraushören;
lass uns auf die Wirklichkeit,
in der wir leben, hören,
auf jeden Menschen,
dem wir begegnen,
und besonders auf den armen,
den bedürftigen
und den, der in Schwierigkeiten ist.

Maria, Frau der Entscheidung,
erleuchte unseren Verstand
und unser Herz,
damit wir dem Wort deines Sohnes Jesus
ohne Zögern zu gehorchen wissen;
gib uns den Mut zur Entscheidung,
dazu, uns nicht mitreißen zu lassen,
so dass andere unser Leben bestimmen.

Maria, Frau des Handelns,
lass unsere Hände und Füße
zu den anderen „eilen",
um die Liebe deines Sohnes Jesus zu bringen,
um wie du das Licht des Evangeliums
in die Welt zu tragen.
Amen.

Rosenkranzgebet am 31. Mai 2013

Von Mensch zu Mensch

Nun, da die Kirche eine tiefe missionarische Erneuerung vollziehen möchte, gibt es eine Form der Verkündigung, die uns allen als tägliche Pflicht zukommt. Es geht darum, das Evangelium zu den Menschen zu bringen, mit denen jeder zu tun hat, zu den Nächsten wie zu den Unbekannten. Es ist die informelle Verkündigung, die man in einem Gespräch verwirklichen kann, und es ist auch die, welche ein Missionar handhabt, wenn er ein Haus besucht. Jünger sein bedeutet, ständig bereit zu sein, den anderen die Liebe Jesu zu bringen, und das geschieht spontan an jedem beliebigen Ort, am Weg, auf dem Platz, bei der Arbeit, auf einer Straße.

Der erste Schritt dieser stets respektvollen und freundlichen Verkündigung besteht aus einem persönlichen Gespräch, in dem der andere Mensch sich ausdrückt und seine Freuden, seine Hoffnungen, die Sorgen um seine Lieben und viele Dinge, von denen sein Herz voll ist, mitteilt. Erst nach diesem Gespräch ist es möglich, das Wort Gottes vorzustellen, sei es mit der Lesung irgendeiner Schriftstelle oder erzählenderweise, aber immer im Gedanken an die grundlegende Verkündigung:

die persönliche Liebe Gottes, der Mensch geworden ist, sich für uns hingegeben hat und als Lebender sein Heil und seine Freundschaft anbietet. Es ist die Verkündigung, die man in einer demütigen, bezeugenden Haltung mitteilt wie einer, der stets zu lernen weiß, im Bewusstsein, dass die Botschaft so reich und so tiefgründig ist, dass sie uns immer überragt. Manchmal drückt man sie auf direktere Weise aus, andere Male durch ein persönliches Zeugnis, eine Erzählung, eine Geste oder die Form, die der Heilige Geist selbst in einem konkreten Umstand hervorrufen kann. Wenn es vernünftig erscheint und die entsprechenden Bedingungen gegeben sind, ist es gut, wenn diese brüderliche und missionarische Begegnung mit einem kurzen Gebet abgeschlossen wird, das die Sorgen aufnimmt, die der Gesprächspartner zum Ausdruck gebracht hat. Er wird dann deutlicher spüren, dass er angehört und verstanden wurde, dass seine Situation in Gottes Hand gelegt wurde, und er wird erkennen, dass das Wort Gottes wirklich sein Leben anspricht.

> Jünger sein bedeutet, ständig bereit zu sein, den anderen die Liebe Jesu zu bringen.

Evangelii Gaudium, Nr. 127-128

Die Mutter ist eine Mutter mit offenem Herzen

Eine Kirche „im Aufbruch" ist eine Kirche mit offenen Türen. Zu den anderen hinauszugehen, um an die menschlichen Randgebiete zu gelangen, bedeutet nicht, richtungs- und sinnlos auf die Welt zuzulaufen. Oftmals ist es besser, den Schritt zu verlangsamen, die Ängstlichkeit abzulegen, um dem anderen in die Augen zu sehen und zuzuhören, oder auf die Dringlichkeiten zu verzichten, um den zu begleiten, der am Straßenrand geblieben ist. Manchmal ist sie wie der Vater des verlorenen Sohnes, der die Türen offen lässt, damit der Sohn, wenn er zurückkommt, ohne Schwierigkeit eintreten kann.

Die Kirche ist berufen, immer das offene Haus des Vaters zu sein. Eines der konkreten Zeichen dieser Öffnung ist es, überall Kirchen mit offenen Türen zu haben. So stößt einer, wenn er einer Eingebung des Geistes folgen will und näherkommt, weil er Gott sucht, nicht auf die Kälte einer verschlossenen Tür. Doch es gibt noch andere Türen, die ebenfalls nicht geschlossen werden dürfen. Alle können in irgendeiner Weise am kirchlichen Leben teilnehmen, alle können zur Gemeinschaft gehören, und auch die Türen der Sakramente dürften nicht aus irgendeinem beliebigen Grund geschlossen werden. Das gilt vor allem, wenn es sich um jenes Sakrament handelt, das „die Tür" ist: die Taufe. Die Eucharistie ist, obwohl sie die Fülle des sakramentalen Lebens darstellt, nicht eine Belohnung für die Vollkommenen, sondern ein großzügiges Heilmittel und eine Nahrung für die Schwachen (vgl. Ambrosius, De Sacramentis, IV, 6, 28: PL 16, 464: „Ich muss ihn immer empfangen, damit er immer meine Sünden vergibt. Wenn ich ständig sündige, muss ich immer ein Heilmittel haben"; ebd., IV, 5, 24: PL 16, 463: „Wer das Manna aß, starb; wer von diesem Leib isst, wird die Vergebung seiner Sünden erhalten." Cyrill von Alexandrien, In Joh. Evang. IV, 2: PG 73, 584-585: „Ich habe mich geprüft und erkannt, dass ich unwürdig bin. Denen, die so reden, sage ich: Und wann werdet ihr würdig sein? Wann werdet ihr also vor Christus erscheinen? Und wenn eure Sünden euch hindern, näherzukommen, und wenn ihr niemals aufhört zu fallen – wer bemerkt seine eigenen Fehler, sagt der Psalm –, werdet ihr schließlich nicht teilhaben an der Heiligung, die Leben schenkt für die Ewigkeit?").

Diese Überzeugungen haben auch pastorale Konsequenzen, und wir sind berufen, sie mit Besonnenheit und Wagemut in Betracht zu ziehen. Häufig verhalten wir uns wie Kontrolleure der Gnade

> Doch die Kirche ist keine Zollstation, sie ist das Vaterhaus, wo Platz ist für jeden mit seinem mühevollen Leben.

und nicht wie ihre Förderer. Doch die Kirche ist keine Zollstation, sie ist das Vaterhaus, wo Platz ist für jeden mit seinem mühevollen Leben.

Wenn die gesamte Kirche diese missionarische Dynamik annimmt, muss sie alle erreichen, ohne Ausnahmen. Doch wen müsste sie bevorzugen? Wenn einer das Evangelium liest, findet er eine ganz klare Ausrichtung: nicht so sehr die reichen Freunde und Nachbarn, sondern vor allem die Armen und die Kranken, diejenigen, die häufig verachtet und vergessen werden, die „es dir nicht vergelten können" (Lk 14,14). Es dürfen weder Zweifel bleiben, noch halten Erklärungen stand, die diese so klare Botschaft schwächen könnten. Heute und immer gilt: „Die Armen sind die ersten Adressaten des Evangeliums" (Benedikt XVI., Ansprache anlässlich der Begegnung mit den brasilianischen Bischöfen in der Kathedrale von São Paulo, Brasilien (11. Mai 2007), 3: AAS 99 (2007), 428), und die unentgeltlich an sie gerichtete Evangelisierung ist ein Zeichen des Reiches, das zu bringen Jesus gekommen ist. Ohne Umschweife ist zu sagen, dass – wie die Bischöfe Nordost-Indiens lehren – ein untrennbares Band zwischen unserem Glauben und den Armen besteht. Lassen wir die Armen nie allein! Brechen wir auf, gehen wir hinaus, um allen das

> Mir ist eine „verbeulte" Kirche lieber als eine Kirche, die aufgrund ihrer Verschlossenheit und ihrer Bequemlichkeit, sich an die eigenen Sicherheiten zu klammern, krank ist.

Leben Jesu Christi anzubieten! Ich wiederhole hier für die ganze Kirche, was ich viele Male den Priestern und Laien von Buenos Aires gesagt habe: Mir ist eine „verbeulte" Kirche, die verletzt und beschmutzt ist, weil sie auf die Straßen hinausgegangen ist, lieber als eine Kirche, die aufgrund ihrer Verschlossenheit und ihrer Bequemlichkeit, sich an die eigenen Sicherheiten zu klammern, krank ist. Ich will keine Kirche, die darum besorgt ist, der Mittelpunkt zu sein, und schließlich in einer Anhäufung von fixen Ideen und Streitigkeiten verstrickt ist. Wenn uns etwas in heilige Sorge versetzen und unser Gewissen beunruhigen soll, dann ist es die Tatsache, dass so viele unserer Brüder und Schwestern ohne die Kraft, das Licht und den Trost der Freundschaft mit Jesus Christus leben, ohne eine Glaubensgemeinschaft, die sie aufnimmt, ohne einen Horizont von Sinn und Leben. Ich hoffe, dass mehr als die Furcht, einen Fehler zu machen, unser Beweggrund die Furcht sei, uns einzuschließen in die Strukturen, die uns einen falschen Schutz geben, in die Normen, die uns in unnachsichtige Richter verwandeln, in die Gewohnheiten, in denen wir uns ruhig fühlen, während draußen eine hungrige Menschenmenge wartet und Jesus uns pausenlos wiederholt: „Gebt ihr ihnen zu essen!" (Mk 6,37).

Evangelii Gaudium, Nr. 46-49

Jesus, Gebet, Zeugnis

Ich sage nur drei Worte. Das erste: Jesus. Wer ist am wichtigsten? Jesus. Wenn wir vorangehen mit der Organisation, mit anderen Dingen – auch schönen Dingen –, aber ohne Jesus, dann kommen wir nicht voran, das funktioniert nicht. Jesus ist wichtiger. Jetzt... möchte ich einen kleinen Vorwurf aussprechen, aber brüderlich, unter uns: Ihr alle habt auf dem Platz gerufen: „Franziskus, Franziskus, Papst Franziskus!". Aber Jesus, wo war er? Ich hätte gewollt, dass ihr gerufen hättet: „Jesus, Jesus ist der Herr, und er ist wirklich mitten unter uns!" Von jetzt an nicht mehr: „Franziskus", sondern: „Jesus"!
Das zweite Wort heißt: Gebet. Auf Gottes Angesicht schauen, aber vor allem – und das ist mit dem verbunden, was ich vorhin gesagt habe – sich angeschaut fühlen. Der Herr schaut uns an: er schaut zuerst auf uns. Meine Erfahrung ist das, was ich vor dem Tabernakel erfahre, wenn ich gehe, um am Abend vor dem Herrn zu beten. Manchmal nicke ich ein wenig ein, das ist wahr, denn die Müdigkeit des Tages lässt dich einschlummern. Aber er versteht mich. Und ich empfinde so viel Trost, wenn ich daran denke, dass er mich anschaut. Wir meinen, wir müssten beten, sprechen, sprechen, sprechen...

Nein! Lass dich vom Herrn anschauen. Wenn er uns anschaut, gibt er uns Kraft. Und er hilft dir, ihn zu bezeugen – denn in der Frage ging es um das Glaubenszeugnis, nicht wahr? Zuerst: „Jesus" und dann: „Gebet" – wir spüren, dass Gott uns an der Hand hält! Das Wichtige dabei ist: sich von ihm führen lassen. Das ist wichtiger als alle Berechnungen. Wahre Glaubensboten sind wir, wenn wir uns von ihm führen lassen. Denken wir an Petrus. Vielleicht hielt er gerade seinen Mittagsschlaf, und da hatte er eine Vision – die Vision von dem Tischtuch mit all den Tieren darin – und er hörte, dass Jesus etwas zu ihm sagte, aber er begriff es nicht. In dem Moment kamen einige nicht jüdische Männer, die ihn baten, in ein Haus zu kommen, und er sah, dass der Heilige Geist auch dort war. Petrus hat sich von Jesus leiten lassen, um zu jener ersten Evangelisierung der Heiden zu gelangen, die eben keine Juden waren – etwas zu jener Zeit Unvorstellbares! (vgl. Apg 10,9–33). Und so die ganze Geschichte hindurch, die ganze Geschichte! Sich von Jesus leiten lassen. Er ist wirklich der Leader; unser Leader ist Jesus.

Und drittens: das Zeugnis. Jesus, Gebet – das Gebet, jenes Sich-von-ihm-führen-Lassen – und dann das Zeugnis. Aber ich möchte noch etwas hinzufügen. Dieses Sich-von-Jesus-führen-Lassen bringt dich zu den Überraschungen Jesu. Man kann meinen, dass wir die Evangelisierung am Schreibtisch

> Wahre Glaubensboten sind wir, wenn wir uns von ihm führen lassen.

planen müssen, indem wir über die Strategien nachdenken, Projekte erarbeiten. Aber das sind Mittel, kleine Mittel. Das Wichtige ist Jesus und sich von ihm führen zu lassen. Danach können wir die Strategien entwerfen, aber das ist zweitrangig.
(Unser Zeugnis ist die Liebe.)
Also das Zeugnis: Die Vermittlung des Glaubens kann man nur mit dem Zeugnis bewerkstelligen, und das ist die Liebe. Nicht mit unseren Ideen, sondern mit dem Evangelium, das wir in unserer persönlichen Existenz leben und das der Heilige Geist in uns leben lässt. Es ist gleichsam ein Zusammenspiel zwischen uns und dem Heiligen Geist, und das bewirkt das Zeugnis. Die Kirche wird vorangebracht durch die Heiligen, eben genau die, welche dieses Zeugnis geben. Wie Johannes Paul II. und auch Benedikt XVI. gesagt haben, bedarf die Welt von heute so dringend der Zeugen. Nicht so sehr der Lehrer, als vielmehr der Zeugen. Nicht so viel reden, sondern mit dem ganzen Leben sprechen: mit der Kohärenz des Lebens, gerade mit der Kohärenz des Lebens! Eine Kohärenz des Lebens, die bedeutet, das Christentum als eine Begegnung mit Jesus zu leben, der mich zu den anderen bringt, und nicht als ein gesellschaftliches Faktum. Gesellschaftlich... sind wir eben so, sind wir Christen, in uns verschlossen. Nein, das nicht! – Es ist das Zeugnis!

Ansprache bei der Pfingstvigil mit den kirchlichen Bewegungen, 18. Mai 2013

Ich weiß, dass ihr das Große wollt

Jesus sagt uns, dass die Samen, die an den Wegrand, die zwischen die Felsen oder in die Dornen gefallen sind, keine Frucht gebracht haben. Ich glaube, dass wir uns ganz ehrlich fragen können: Was für eine Art Boden sind wir, was für eine Art Boden wollen wir sein? Vielleicht sind wir manchmal wie der Weg: Wir hören den Herrn, aber es ändert sich nichts in unserem Leben, denn wir lassen uns von vielen oberflächlichen Verlockungen, die wir hören, betäuben. Ich stelle euch die Frage, aber antwortet nicht jetzt, jeder soll in seinem Herzen antworten: Bin ich ein junger Mann, eine junge Frau, die betäubt ist? Oder wir sind wie der felsige Boden: Wir nehmen Jesus mit Begeisterung auf, aber wir sind unbeständig, haben nicht den Mut, bei Schwierigkeiten gegen den Strom zu schwimmen. Jeder von uns antworte in seinem Herzen: Habe ich Mut, oder bin ich ein Feigling? Oder wir sind wie der Boden mit den Dornen: Die materiellen Dinge und die schlechten Leidenschaften ersticken in uns die Worte des Herrn (vgl. Mt 13,18-22). Habe ich in meinem Herzen die Gewohnheit, ein doppeltes Spiel zu spielen: vor Gott eine gute Figur zu machen und vor dem Teufel eine gute Figur zu machen? Den Samen Jesu empfangen zu wollen und zugleich die Dornen und das Unkraut zu begießen, das in meinem Herzen aufkeimt? Heute aber bin ich sicher, dass der Samen auf guten Boden fallen kann. Hören wir diese Zeugen, wie der Samen auf guten Boden gefallen ist! – „Nein, Vater, ich bin kein guter Boden, ich bin eine Katastrophe, bin voller Steine, Dornen und was sonst noch alles." – Ja, kann sein, dass das an der Oberfläche so ist, aber mach ein Stückchen frei, ein kleines Stück guten Bodens, und lass den Samen dorthin fallen, und du wirst sehen, wie er aufkeimt! Ich weiß, dass ihr guter Boden sein wollt, wirklich Christen, keine Teilzeit-Christen, keine „Spießer"-Christen, die die Nase hoch tragen, so dass sie als Christen erscheinen und im Innern überhaupt nichts tun; keine Fassaden-Christen, diese Christen, die „purer Augenschein" sind, sondern authentische Christen. Ich weiß, dass ihr nicht in einer haltlosen Freiheit leben wollt, die sich von den Moden und Interessen des Augenblicks treiben lässt. Ich weiß, dass ihr das Große wollt, endgültige Entscheidungen, die vollen Sinn geben. Ist das so, oder irre ich mich? Ist das so? – Gut, wenn das so ist, dann machen wir jetzt folgendes: Werden wir alle still und schauen auf unser Herz, und jeder sage zu Jesus, dass er den Samen empfangen will. Sagt zu Jesus: Sieh, Jesus,

> Ich weiß, dass ihr guter Boden sein wollt, wirklich Christen, keine Teilzeit-Christen, keine „Spießer"-Christen.

die Steine, die da sind, sieh die Dornen, sieh das Unkraut, aber schau auf dieses kleine Stück Erde, das ich dir anbiete, damit der Samen dort eindringt. Lassen wir im Schweigen den Samen Jesu eindringen. Erinnert euch an diesen Moment; jeder kennt den Namen des Samens, der eingedrungen ist. Lasst ihn wachsen, und Gott wird sich um ihn kümmern.

Ansprache am 27. Juli 2013

Wir brauchen eine Kirche, die keine Angst hat

Vor allem darf man nicht der Angst nachgeben, von der der selige John Henry Newman sprach: „Die christliche Welt wird schrittweise unfruchtbar und erschöpft sich wie ein gründlich ausgelaugter Boden, der zu Sand wird." Man darf sich nicht der Ernüchterung, der Entmutigung, dem Gejammer überlassen. Wir haben viel gearbeitet, und manchmal, wenn wir auf die schauen, die uns verlassen oder die uns nicht mehr für glaubwürdig, für relevant halten, scheint es uns, als seien wir Verlierer, und manchmal haben wir den Eindruck, jemand zu sein, der die Bilanz einer bereits verlorenen Zeit ziehen muss.

Lesen wir in diesem Licht noch einmal die Geschichte von Emmaus (vgl. Lk 24,13-35). Die beiden Jünger laufen aus Jerusalem fort. Sie distanzieren sich von der „Nacktheit" Gottes. Sie sind schockiert über das Scheitern des Messias, auf den sie gehofft hatten und der nun, auch nachdem drei Tage vergangen sind, hoffnungslos besiegt, gedemütigt scheint (V. 17-21) – das schwierige Geheimnis der Leute, die die Kirche verlassen; der Menschen, die sich von anderen Angeboten haben täuschen lassen und dann meinen, die Kirche – ihr Jerusalem – habe mittlerweile nichts Bedeutendes, nichts Wichtiges mehr zu bieten. Und dann ziehen sie allein des Wegs, mit ihrer Enttäuschung. Vielleicht ist die Kirche zu schwach erschienen, vielleicht zu fern von ihren Bedürfnissen, vielleicht zu arm, um auf ihre Beunruhigungen zu antworten, vielleicht zu kalt ihnen gegenüber, vielleicht zu selbstbezogen, vielleicht eine Gefangene ihrer eigenen steifen Ausdrucksweisen, vielleicht scheint es, als habe die Welt die Kirche zu einem Überbleibsel aus der Vergangenheit gemacht, unzureichend für die neuen Fragen; vielleicht hatte die Kirche Antworten für die Kindheit des Menschen, nicht aber für sein Erwachsenenalter (im Dokument von Aparecida werden die Grundmotive dieses Phänomens zusammenfassend dargestellt (vgl. Nr. 225). Tatsache ist, dass es heute viele gibt, die wie die Emmaus-Jünger sind; nicht allein die, welche Antworten in den neuen und verbreiteten religiösen Gruppierungen suchen, sondern auch die, welche bereits gottlos scheinen, sowohl in der Theorie als auch in der Praxis.

> Man darf sich nicht der Ernüchterung, der Entmutigung, dem Gejammer überlassen.

Was ist zu tun angesichts dieser Situation?

Es braucht eine Kirche, die keine Angst hat, in die Nacht dieser Menschen hinein zu gehen. Es braucht eine Kirche, die fähig ist, ihnen auf ihren Wegen zu begegnen. Es braucht eine Kirche, die sich in ihr Gespräch einzuschalten vermag. Es braucht eine Kirche, die mit jenen Jüngern zu dialogisieren versteht, die aus Jerusalem fortlaufen und ziellos allein mit ihrer Ernüchterung umherziehen, mit der Enttäuschung über ein Christentum, das mittlerweile als steriler, unfruchtbarer Boden angesehen wird, der unfähig ist, Sinn zu zeugen.

Die unnachsichtige Globalisierung und die intensive Verstädterung, die häufig wild wachsen, haben viel verheißen. Viele haben sich in ihre Möglichkeiten verliebt, und es liegt in ihnen etwas wirklich Positives, wie z.B. die Verringerung der Entfernungen, die Annäherung zwischen den Menschen und den Kulturen. Aber andererseits lebten viele unter den negativen Wirkungen dieser Erscheinungen, ohne sich bewusst zu machen, wie diese die eigene Sicht des Menschen und der Welt beeinträchtigen und eine größere Orientierungslosigkeit schaffen, sowie ein Vakuum, das sie sich nicht zu erklären vermögen. Einige dieser Wirkungen sind die Verwirrung hinsichtlich des Lebenssinns, die persönliche Desintegration, der Verlust der Erfahrung, zu irgendeinem „Nest" zu gehören, das Fehlen eines Bezugspunktes oder tiefer Bindungen.

Und da es keinen gibt, der sie begleitet und mit dem eigenen Leben den Weg zeigt, haben viele Menschen Abkürzungen gesucht, weil der „Maßstab" der Großen Kirche zu hoch erscheint. Es gibt auch Personen, die das von der Kirche empfohlene Ideal des Menschen und des Lebens anerkennen, aber nicht den Mut haben, es sich zu eigen zu machen. Sie meinen, dieses Ideal sei zu groß für sie, es sei außerhalb ihrer Möglichkeiten; das Ziel, das man anstreben muss, sei unerreichbar. Und doch – sie können nicht leben, ohne wenigstens etwas – und sei es auch nur eine Karikatur – von dem zu haben, was zu hoch und zu fern scheint . Mit der Ernüchterung im Herzen begeben sie sich auf die Suche nach etwas, das sie nochmals enttäuscht, oder sie finden sich mit einer teilweisen Zustimmung ab, die ihnen letztendlich eine Erfüllung ihres Lebens nicht zu geben vermag.

Das starke Gefühl der Verlassenheit und der Einsamkeit, des Fehlens einer Zugehörigkeit sogar zu sich selbst, das häufig aus dieser Situation hervorgeht, ist zu schmerzlich, um verschwiegen zu werden. Es braucht ein Ventil, und dann bleibt der Weg der Klage. Doch auch die Klage wird ihrerseits wie ein Bumerang, der zurückkommt und schließlich das Unglück noch vergrößert. Nur wenige sind noch imstande, auf den Schmerz zu horen; man muss ihn wenigstens betäuben.

Vor diesem Hintergrund braucht es eine Kirche, die fähig ist, Gesellschaft zu leisten, über das ein-

> Es braucht es eine Kirche, die fähig ist, Gesellschaft zu leisten, über das einfache Zuhören hinauszugehen.

fache Zuhören hinauszugehen; eine Kirche, die den Weg begleitet, indem sie sich mit den Menschen auf den Weg macht; eine Kirche, welche die Nacht, die sich in der Flucht aus Jerusalem von so vielen Brüdern und Schwestern verbirgt, zu entziffern vermag; eine Kirche, die sich bewusst wird, inwiefern die Gründe der Menschen, die weggehen, bereits in sich selbst auch die Gründe für eine mögliche Rückkehr enthalten, doch dafür bedarf es einer mutigen Analyse. Jesus setzt die Herzen der Emmaus-Jünger in Brand.

> Nichts ist höher als die Erniedrigung des Kreuzes.

Ich möchte, dass wir heute uns alle fragen: Sind wir noch eine Kirche, die imstande ist, die Herzen zu erwärmen? Eine Kirche, die fähig ist, nach Jerusalem zurückzuführen? Wieder nach Hause zu begleiten? In Jerusalem wohnen unsere Quellen: Schrift, Katechese, Sakramente, Gemeinschaft, Freundschaft des Herrn, Maria und die Apostel... Sind wir noch fähig, von diesen Quellen so zu erzählen, dass wir die Begeisterung für ihre Schönheit wiedererwecken?

Viele sind gegangen, weil ihnen etwas Höheres, etwas Stärkeres, etwas Schnelleres versprochen wurde.

Aber gibt es etwas Höheres als die in Jerusalem geoffenbarte Liebe? Nichts ist höher als die Erniedrigung des Kreuzes, denn dort wird wirklich die Höhe der Liebe erreicht! Sind wir noch imstande,

diese Wahrheit denen zu zeigen, die meinen, die wahre Höhe des Lebens sei woanders?
Kennt man etwas Stärkeres als die in der Schwäche der Liebe, des Guten, der Wahrheit, der Schönheit verborgene Macht der Liebe?

Ansprache am 27. Juli 2013

Neu anfangen

Das Neue macht uns immer ein wenig Angst, denn wir fühlen uns sicherer, wenn wir alles unter Kontrolle haben, wenn wir es sind, die unser Leben nach unseren Mustern, unseren Sicherheiten, nach unserem Geschmack aufbauen, programmieren und planen. Und das geschieht auch gegenüber Gott. Oft folgen wir ihm, nehmen ihn an, aber nur bis zu einem gewissen Punkt. Es fällt uns schwer, uns in vollem Vertrauen ihm hinzugeben und zuzulassen, dass der Heilige Geist die Seele unseres Lebens ist und die Führung über all unsere Entscheidungen übernimmt. Wir haben Angst, Gott könne uns neue Wege gehen lassen, uns herausführen aus unserem oft begrenzten, geschlossenen, egoistischen Horizont, um uns für seine Horizonte zu öffnen. Doch in der gesamten Heilsgeschichte ist es so: Wenn Gott sich offenbart, bringt er Neues – Gott bringt immer Neues –, verwandelt und verlangt, dass man ihm völlig vertraut: Noach baut eine von allen belächelte Arche und wird gerettet; Abraham verlässt sein Land und hat nichts in der Hand als eine Verheißung; Mose nimmt es mit der Macht des Pharao auf und führt das Volk in die Freiheit; die Apostel, die furchtsam im Abendmahlssaal eingeschlossen waren, gehen mutig hinaus, um das Evangelium zu verkünden. Es ist nicht die Neuheit um der Neuheit willen, die Suche nach dem Neuen, um die Langeweile zu überwinden, wie es in unserer Zeit häufig geschieht. Die Neuheit, die Gott in unser Leben bringt, ist das, was uns tatsächlich verwirklicht, das, was uns die wahre Freude schenkt, die wahre Gelassenheit, denn Gott liebt uns und will nur unser Bestes.

> Die Neuheit, die Gott in unser Leben bringt, ist das, was uns die wahre Freude schenkt.

Fragen wir uns heute: Sind wir offen für die „Überraschungen Gottes"? Oder verschließen wir uns ängstlich vor der Neuheit des Heiligen Geistes? Sind wir mutig, die neuen Wege zu beschreiten, die die Neuheit Gottes uns anbietet, oder verteidigen wir uns, eingeschlossen in vergängliche Strukturen, die ihre Aufnahmefähigkeit verloren haben? Es wird uns gut tun, diese Fragen im Tagesverlauf immer vor Augen zu haben.

Ein zweiter Gedanke: Dem Anschein nach schafft der Heilige Geist Unordnung in der Kirche, weil er die Unterschiedlichkeit der Charismen, der Gaben bringt, doch unter seinem Wirken ist all das ein großer Reichtum, denn der Heilige Geist ist der Geist der Einheit, was nicht Einförmigkeit bedeutet, sondern eine Rückführung von allem in die Harmonie. Die Harmonie bewirkt in der Kirche der Heilige Geist. Einer der Kirchenväter verwendet einen Ausdruck, der mir sehr gefällt: Der Heilige Geist „ipse harmonia est" – ist selbst die Harmonie. Nur er kann die Unterschiedlichkeit, die Pluralität, die Vielfalt erwecken und zugleich die Einheit bewirken. Auch hier gilt: Wenn wir selbst die Verschiedenheit schaffen wollen und uns in unseren Parteilichkeiten, in unseren Ausschließlichkeiten verschließen, führen wir in die Spaltung; und wenn wir selbst nach unseren menschlichen Plänen die Einheit herstellen wollen, schaffen wir letztlich die Einförmigkeit, die Schematisierung. Wenn wir uns hingegen vom Geist leiten lassen, führen Reichtum, Vielfältigkeit, Unterschiedlichkeit nie zum Konflikt, denn er bringt uns dazu, die Vielfältigkeit im Miteinander der Kirche zu leben. Das gemeinsame Unterwegssein in der Kirche unter der Führung der Hirten, die ein spezielles Charisma und Amt haben, ist ein Zeichen für das Wirken des Heiligen Geistes; die Kirchlichkeit ist ein grundsätzliches Merkmal für jeden Christen, für jede Gemeinschaft, für jede Bewegung. Die Kirche ist es, die mir Christus bringt und mich zu Christus führt; Parallelwege sind so gefährlich! Wenn man sich darauf einlässt, sich jenseits (proagon) der Lehre und der kirchlichen Gemeinschaft zu bewegen – wie der Apostel Johannes in seinem Zweiten Brief schreibt –, und nicht darin bleibt, ist man nicht mit dem Gott Jesu Christi verbunden (vgl. 2 Joh v. 9). Fragen wir uns also: Bin ich offen für die Harmonie des Heiligen

> Die Harmonie bewirkt in der Kirche der Heilige Geist.

Geistes, indem ich jegliche Ausschließlichkeit überwinde? Lasse ich mich von ihm leiten, indem ich in und mit der Kirche lebe?

Letzter Punkt. Die Theologen der frühen Kirche sagten: Die Seele ist eine Art Segelboot; der Heilige Geist ist der Wind, der in das Segel bläst, um das Boot voranzutreiben; die Triebkraft und der Schub des Windes sind die Gaben des Geistes. Ohne seinen Antrieb, ohne seine Gnade kommen wir nicht voran. Der Heilige Geist lässt uns in das Geheimnis des lebendigen Gottes eintreten und bewahrt uns vor der Gefahr einer gnostischen und einer selbstbezogenen, in ihr Gehege eingeschlossenen Kirche; er drängt uns, die Türen zu öffnen, um hinauszugehen, um das gute Leben des Evangeliums zu verkünden und zu bezeugen, um die Freude des Glaubens, der Begegnung mit Christus zu übertragen. Der Heilige Geist ist die Seele der Mission. Was in Jerusalem vor fast zweitausend Jahren geschah, ist kein weit von uns entferntes Ereignis, es ist etwas, das uns einholt, das in jedem von uns zur lebendigen Erfahrung wird. Das Pfingstereignis im Abendmahlssaal von Jerusalem ist der Anfang, ein Anfang, der sich über die Zeit hinzieht. Der Heilige Geist ist die Gabe schlechthin, die der auferstandene Christus seinen Aposteln schenkt, aber er möchte, dass sie alle erreicht. Wie wir im Evangelium gehört haben,

> Der Heilige Geist lässt uns in das Geheimnis des lebendigen Gottes eintreten.

sagt Jesus: „Ich werde den Vater bitten, und er wird euch einen anderen Beistand geben, der für immer bei euch bleiben soll" (Joh 14,16). Es ist der Paraklet, der „Tröster", der den Mut schenkt, die Straßen der Welt zu durchwandern und das Evangelium zu überbringen! Der Heilige Geist lässt uns den Horizont erblicken und drängt uns bis an die Peripherien des Seins, um das Leben Jesu Christi zu verkünden. Fragen wir uns, ob wir dazu neigen, uns in uns selbst, in unserer Gruppe zu verschließen, oder ob wir zulassen, dass der Heilige Geist uns für die Mission öffnet. Merken wir uns diese drei Wörter: Neuheit, Harmonie, Mission.

Predigt am 19. Mai 2013

Nur Mut!

Wie Papst Benedikt XVI. uns oft in seiner Lehre und zuletzt durch seine mutige und demütige Geste daran erinnert hat, ist es Christus, der durch seinen Geist die Kirche leitet. Der Heilige Geist ist die Seele der Kirche mit seiner Kraft, die Leben spendet und Einheit schafft: aus vielen bildet er einen einzigen Leib, den mystischen Leib Christi. Geben wir nie dem Pessimismus nach, jener Verbitterung, die der Teufel uns jeden Tag bietet; geben wir nicht dem Pessimismus und der Mutlosigkeit nach: Wir haben die feste Gewissheit, dass der Heilige Geist mit seinem mächtigen Wehen der Kirche den Mut schenkt, fortzufahren und auch nach neuen Wegen der Evangelisierung zu suchen, um das Evangelium bis an die Grenzen der Erde zu bringen (vgl. Apg 1,8). Die christliche Wahrheit ist anziehend und gewinnend, denn sie antwortet auf die tiefen Bedürfnisse des menschlichen Daseins, wenn sie auf überzeugende Weise verkündet, dass Christus der einzige Retter des ganzen Menschen und aller Menschen ist. Diese Botschaft bleibt heute gültig, wie sie es vom Anbeginn des Christentums war, als die erste große

> Die christliche Wahrheit ist anziehend und gewinnend.

missionarische Verbreitung des Evangeliums vollbracht wurde.

Die Hälfte von uns steht in fortgeschrittenem Alter: Das Alter ist – gern drücke ich es so aus – der Sitz der Weisheit des Lebens. Die Alten haben die Weisheit, im Leben ihren Weg zurückgelegt zu haben wie der greise Simeon, wie die greise Anna im Tempel. Und genau diese Weisheit hat sie Jesus erkennen lassen. Schenken wir diese Weisheit den jungen Menschen: Wie der gute Wein, der mit den Jahren immer besser wird, so schenken wir den jungen Menschen die Weisheit des Lebens. Mir kommt in den Sinn, was ein deutscher Dichter [Friedrich Hölderlin] über das Alter gesagt hat: „Es ist ruhig das Alter und fromm." –Es ist die Zeit der Ruhe und des Gebets. Und es ist auch die Zeit, den jungen Menschen diese Weisheit zu geben. (...)

Der mächtigen Fürsprache Marias, unserer Mutter und Mutter der Kirche, vertraue ich meinen und euren Dienst an. Unter ihrem mütterlichen Blick möge ein jeder von uns froh und im Hören auf die Stimme ihres göttlichen Sohnes vorangehen, dabei die Einheit stärken, einmütig im Gebet verharren und den echten Glauben in der beständigen Gegenwart des Herrn bezeugen. Mit diesen Empfindungen – sie sind echt!

Ansprache an das Kardinalskollegium, 15. März 2013

Die Begeisterung ist ansteckend

Wisst ihr denn, woher dieses Wort stammt: „Enthusiasmus"? Es kommt aus dem Griechischen und heißt soviel wie „etwas Göttliches in sich haben" oder „in Gott sein". Die Begeisterung zeigt, wenn sie gesunder Art ist, Folgendes: Dass jemand ein göttliches Element in sich trägt und es voller Freude zum Ausdruck bringt. Seid – erfüllt von dieser Begeisterung – offen für die Hoffnung und strebt nach Fülle, verlangt danach, eurer Zukunft, eurem ganzen Leben einen Sinn zu verleihen, den Weg ausfindig zu machen, der für jeden Einzelnen von euch geeignet ist. Wählt dabei den Weg, der euch Gelassenheit und menschliche Verwirklichung zu schenken vermag. Den richtigen Weg, sich für einen Weg entscheiden ... was heißt das? Nicht stillzustehen – ein junger Mensch soll nicht stillstehen! – und vorangehen. Das heißt, einem Ziel entgegengehen; denn man kann sich zwar bewegen und trotzdem einer sein, der nicht vorangeht, sondern einer, „der herumschweift", der im Leben Pirouetten dreht, um sich kreist, der sich im Kreis dreht ... Aber das Leben ist nicht dazu da, dass man „sich im Kreis dreht", es ist dazu da, „es zu durchwandern", und das ist die

Herausforderung, der ihr euch stellen müsst!
Ihr seid einerseits auf der Suche nach dem, was wirklich zählt, das der Zeit standhält und endgültig ist. Ihr seid auf der Suche nach Antworten, die euren Geist erhellen und euer Herz erwärmen, und zwar nicht nur für einen kurzen Augenblick oder für ein kurzes Stück des Weges, sondern für immer. Das Licht, das für immer im Herzen brennt, das Licht, das für immer im Geist aufstrahlt, das für immer und ewig erwärmte Herz. Andererseits verspürt ihr eine große Angst, Fehler zu begehen – es ist wahr, wer vorangeht, kann Fehler machen –, ihr habt Angst, euch zu stark in die Dinge verwickeln zu lassen – das habt ihr schon oft gehört –, die Versuchung, euch immer einen kleinen Fluchtweg offen zu lassen, der bei Bedarf immer neue Szenarien und Möglichkeiten eröffnen kann. Ich gehe in diese Richtung, ich wähle diese Richtung, aber ich lasse diese Türe offen: Wenn es mir dann nicht zusagt, kehre ich um und gehe. Diese Vorläufigkeit tut nicht gut; sie tut nicht gut, weil sie dir den Geist verdunkelt und das Herz erkalten lässt.
Die zeitgenössische Gesellschaft und ihre vorherrschenden kulturellen Leitmodelle – so beispielsweise die „Kultur der Vorläufigkeit" – bieten kein Klima, das günstig wäre für das Heranreifen dauerhafter Lebensentscheidungen mit festen Banden, die auf einem Felsen der Liebe und der Verantwortlichkeit gründen statt auf dem Sand des

Gefühls des Augenblicks. Das Streben nach einer individuellen Autonomie wird bis zu dem Punkt getrieben, wo man stets alles in Frage stellt und mit relativer Leichtigkeit wichtige, lange erwogene Entscheidungen kippt, Lebenswege aufgibt, die aus freien Stücken mit Verpflichtungen und Hingabe eingeschlagen worden waren. Das trägt zur Oberflächlichkeit bei der Übernahme von Verantwortungen bei, denn im tiefsten Inneren des Gemütes laufen diese Gefahr, für etwas gehalten zu werden, dessen man sich letztlich auch entledigen kann. Heute wähle ich dieses, morgen entscheide ich mich für etwas anderes ... ich gehe dahin, wohin der Wind sich dreht; oder wenn meine Begeisterung, meine Lust auf etwas endet, schlage ich einen neuen Weg ein ... Und so geschieht es, dass man durch das Leben „kreist", wie man es in einem Labyrinth tut. Aber dieser Weg ist kein Labyrinth! Wenn ihr euch in der Situation befindet, durch ein Labyrinth zu irren, das hierhin und dahin führt, und ganz woandershin ... haltet ein! Sucht nach dem Faden, um aus dem Labyrinth herauszufinden; sucht nach dem Faden: Man kann nicht sein ganzes Leben damit vergeuden, hin- und herzuirren. Dennoch strebt das Herz des Menschen nach großen Dingen, nach wichtigen Werten, nach innigen Freundschaften, nach Banden, die durch die Prüfungen, die uns das Leben auferlegt, ge-

> Der Mensch sehnt sich danach, zu lieben und geliebt zu werden.

stärkt werden, statt zu zerreißen.

Der Mensch sehnt sich danach, zu lieben und geliebt zu werden. Das ist eure tiefinnerste Ambition: lieben und geliebt zu werden; und das für immer. Die Kultur der Vorläufigkeit hebt nicht unsere Freiheit hervor, sondern sie raubt uns unsere eigentliche Bestimmung, die wahrsten und authentischsten Ziele. Es ist ein zerschlagenes Leben. Es ist traurig, wenn man in einem bestimmten Lebensalter auf den zurückgelegten Weg zurückblickt und feststellen muss, dass es in verschiedene Stücke zerschlagen wurde, ohne Einheit, ohne Endgültigkeit: Alles provisorisch ... Lasst euch nicht die Sehnsucht rauben, in eurem Leben große und dauerhafte Dinge zu vollbringen! Das ist es, was euch voranbringt. Begnügt euch nicht mit kleinen Etappensiegen! Strebt nach dem Glück, habt den Mut dazu, den Mut, über euch hinauszugehen und eure Zukunft ganz ins Spiel zu bringen, zusammen mit Jesus.

Allein können wir es nicht schaffen. In Anbetracht des Drucks, der durch die Ereignisse und die verschiedenen Moden ausgeübt wird, können wir allein es niemals schaffen, den rechten Weg zu finden, und selbst wenn wir ihn fänden, so hätten wir nicht genügend Kraft, durchzuhalten und die unvorgesehenen Steigungen und Hindernisse in Angriff zu nehmen. An diesem Punkt ergeht an uns die Einladung des Herrn Jesus: „Wenn du willst ...

> Jesus lädt uns ein, um uns auf dem Weg zu begleiten.

folge mir nach." Er (Jesus) lädt uns ein, um uns auf dem Weg zu begleiten, nicht um uns auszubeuten, nicht um uns zu knechten, sondern um uns frei zu machen. Er lädt uns zu dieser Freiheit ein, um uns auf unserem Weg zu begleiten. So ist das.

> Er vergibt endgültig, er tilgt unsere Sünde und vergisst sie.

Nur gemeinsam mit Jesus – im Gebet mit ihm verbunden und in seiner Nachfolge – können wir klar sehen und die Kraft dazu erhalten, weiterzumachen. Er liebt uns auf immer, er hat uns auf immer auserwählt, er hat sich auf immer einem jeden von uns geschenkt. Er ist unser Verteidiger und großer Bruder und wird unser einziger Richter sein. Wie schön ist es doch, dem Auf und Ab des Daseins in der Gesellschaft Jesu entgegenzutreten, ihn und seine Botschaft bei uns zu haben! Er beraubt uns weder unserer Autonomie noch unserer Freiheit; ganz im Gegenteil: indem er uns in unserer Schwäche stärkt, ermöglicht er es uns, wahrhaft frei zu sein, frei dazu, das Gute zu tun, stark genug, es auch weiter zu tun, dazu imstande, zu vergeben, und dazu, um Vergebung zu bitten. Das ist Jesus, der uns begleitet, so ist der Herr!

Ein Wort, das ich gerne wiederhole, weil wir es allzu oft vergessen, lautet: Gott wird es nie müde, zu vergeben. Und das ist wahr! Seine Liebe ist so groß, dass er uns immer nah ist. Wir sind diejenigen, die es müde werden, um Vergebung zu bitten, aber er vergibt immer, jedes Mal, wenn wir ihn darum bitten. Er vergibt endgültig, er tilgt unsere Sünde und vergisst sie, wenn wir uns demütig und vertrauensvoll an ihn wenden. Er hilft uns dabei, uns nicht entmutigen zu lassen, wenn wir in Schwierigkeiten sind, hilft dabei, sie nicht für unüberwindbar zu halten; und dann werft ihr, voller Vertrauen in ihn, erneut die Netze zu einem überraschenden und überreichen Fischfang aus, ihr werdet Mut und Hoffnung auch dann aufbringen, wenn ihr euch mit den Problemen herumschlagen müsst, die sich aus den Auswirkungen der Wirtschaftskrise ergeben. Mut und die Hoffnung sind in allen Menschen angelegt, aber sie stehen vor allem den Jugendlichen an: Mut und Hoffnung! Es ist gewiss, dass die Zukunft in den Händen Gottes liegt, den Händen eines vorausschauenden Vaters. Das heißt nicht, dass man die Schwierigkeiten und Probleme leugnet, sondern dass man sie – das ja! – als vorläufig und überwindbar betrachtet. Die Schwierigkeiten, die Krisen können mit Gottes Hilfe und dem guten Willen aller überwunden, besiegt und verwandelt werden.

Ansprache an Jugendliche in Castelpetroso, 5. Juli 2014

Ruhe gewinnen

Die Suche nach dem immer Schnelleren zieht den Menschen von heute an: schnelles Internet, schnelle Autos, schnelle Flugzeuge, schnelle Beziehungen... Und doch spürt man ein verzweifeltes Bedürfnis nach Ruhe, ich möchte sagen nach Langsamkeit. Versteht die Kirche noch, langsam zu sein: in der Zeit, zuzuhören, in der Geduld, [Wunden] zu vernähen und [Getrenntes] wieder zusammenzufügen? Oder ist mittlerweile auch die Kirche von der Hektik des Leistungsdrucks fortgerissen? Lasst uns, liebe Mitbrüder, die Ruhe zurückgewinnen, um zu verstehen, den Schritt auf die Möglichkeiten der Pilger, auf den Rhythmus ihres Gehens abzustimmen, lasst uns die Fähigkeit zurückgewinnen, immer in der Nähe zu sein, um ihnen zu erlauben, in der Ernüchterung, die in ihren Herzen herrscht, einen Durchschlupf zu öffnen, durch den man eintreten kann. Sie wollen Jerusalem vergessen, in dem ihre Quellen wohnen, doch dann spüren sie schließlich den Durst. Es braucht eine Kirche, die noch fähig ist, den Rückweg nach Jerusalem zu begleiten! Eine Kirche, die imstande ist, das Herrliche und Freu-

> Es braucht eine Kirche, die noch fähig ist, den Rückweg nach Jerusalem zu begleiten!

dige, das von Jerusalem gesagt wird, wiederentdecken zu lassen; begreifen zu lassen, dass es meine Mutter, unsere Mutter ist und wir nicht Waisen sind! In Jerusalem sind wir geboren. Wo ist unser Jerusalem, wo sind wir geboren? In der Taufe, in der ersten liebenden Begegnung, im Ruf, in der Berufung! (Vgl. auch die vier vom Aparecida-Dokument angegebenen Punkte Nr. 226).

Es braucht eine Kirche, die wieder das Feuer bringt, um die Herzen in Brand zu setzen.

Ansprache am 27. Juli 2013

Lebendige Steine

Niemand ist zweitrangig. Niemand ist der Wichtigste in der Kirche, wir sind alle gleich in den Augen Gottes. Jemand von euch könnte sagen: „Hören Sie, Herr Papst, Sie sind uns nicht gleich." Doch, ich bin wie jeder von euch, wir sind alle gleich, wir sind Brüder! Niemand ist anonym: Wir alle bilden und bauen die Kirche! Das lädt uns ein, über Folgendes nachzudenken: Wenn der Mauerstein unseres christlichen Lebens fehlt, dann fehlt der Kirche etwas an ihrer Schönheit. Einige sagen: „Mich geht die Kirche nichts an", aber so fällt der Stein eines Lebens aus diesem schönen Tempel heraus. Niemand kann weggehen, wir alle müssen der Kirche unser Leben, unser Herz, unsere Liebe, unser Denken, unsere Arbeit bringen: alle gemeinsam. Ich möchte also, dass wir uns fragen: Wie leben wir unser Kirche-Sein? Sind wir lebendige Steine oder sind wir sozusagen müde, gelangweilte, gleichgültige Steine? Habt ihr gesehen, wie schlimm es ist, einen müden, gelangweilten, gleichgültigen Christen zu sehen? Ein solcher Christ ist nicht in Ordnung, der Christ muss lebendig sein, sich über das Christsein freuen; er muss die Schönheit leben, zum Volk Gottes zu gehören, das die Kirche ist.

Öffnen wir uns für das Wirken des Heiligen Geistes, um ein aktiver Teil unserer Gemeinden zu sein, oder verschließen wir uns in uns selbst und sagen: „Ich habe viel zu tun, das ist nicht meine Aufgabe"?
Der Herr schenke uns allen seine Gnade,
seine Kraft,
 damit wir tief mit Christus vereint sein können,
der der Schlussstein ist,
der Pfeiler, der tragende Stein unseres Lebens
und des ganzen Lebens der Kirche.
Wir wollen beten,
dass wir, beseelt von seinem Geist,
stets lebendige Steine seiner Kirche sein mögen.

Generalaudienz am 26. Juni 2013